资助课题名称：北京市教委向基础教育倾斜—体育卫生与艺术—北京市中小学生形体健康教育实践项目

课题编号：PXM2018_014202_000040

支持单位：北京体育大学运动与体质健康教育部重点实验室

北京北强形体健康科技研究院

中国体育学文库

| 运动人体科学 |

青少年身体姿态异常的
评价及运动矫正方法

孙婷婷 ｜ 主编

北京体育大学出版社

策划编辑　田　露
责任编辑　田　露
责任校对　吴　珂
版式设计　中联华文

图书在版编目（CIP）数据

青少年身体姿态异常的评价及运动矫正方法/孙婷
婷主编．--北京：北京体育大学出版社，2024.2
　　ISBN 978-7-5644-3881-4

　　Ⅰ．①青… Ⅱ．①孙… Ⅲ．①青少年–形体–训练–研究
Ⅳ．①G831.3

中国国家版本馆 CIP 数据核字（2023）第 165476 号

青少年身体姿态异常的评价及运动矫正方法
QINGSHAONIAN SHENTI ZITAI YICHANG DE PINGJIA
JI YUNDONG JIAOZHENG FANGFA

孙婷婷　主编

出版发行：北京体育大学出版社
地　　址：北京市海淀区农大南路 1 号院 2 号楼 2 层办公 B-212
邮　　编：100084
网　　址：http：//cbs.bsu.edu.cn
发 行 部：010-62989320
邮 购 部：北京体育大学出版社读者服务部 010-62989432
印　　刷：河北鸿运腾达印刷有限公司
开　　本：710 mm×1000 mm　1/16
成品尺寸：240 mm×170 mm
印　　张：8.5
字　　数：101 千字
版　　次：2024 年 2 月第 1 版
印　　次：2024 年 2 月第 1 次印刷
定　　价：75.00 元

本书编委会

前言

随着我国社会经济发展水平的日益提高，人民生活质量有了很大改善，但伴随而来的电子产品、新媒体等的迅猛发展，进一步加重了青少年体育锻炼和户外活动的缺乏程度，加之课内外学业压力加重、身体姿态不正确等因素，青少年的健康面临着新的挑战。近视低龄化、重度化日益严重，肥胖青少年数量日益增多，青少年身体姿态异常的发生率居高不下，等等，这些已成为国家和民族未来不可忽视的大问题。青少年形体健康是关系民族形象和国家年轻一代身心健康的重要问题。青少年时期是塑造体态美的关键期，抓住形体健康这一主题，关注最佳干预和塑造的黄金时期，是将我国青少年培养和塑造成身材匀称挺拔、身心健康的一代新人的必要条件。

自 1985 年以来，北京市开展了多次学生体质与健康调研，结果表明，北京是学生肥胖和近视的高发区，站姿、坐姿不良等情况普遍存在。2014 年北京市教育委员会推动的"北京市中小学生身体形态检测与干预实施"的调查结果表明，北京市部分中小学生在日常生活中站、坐、走、读、写的不正确姿态及其造成的危害已经严重威胁他们的健康与成长。

　　鉴于此，2016—2018 年北京市教育委员会连续三年对"北京市教委向基础教育倾斜—体育卫生与艺术—北京市中小学生形体健康教育实践项目"立项，授权北京体育大学运动与体质健康教育部重点实验室联合北京北强形体健康科技研究院组成中小学生形体健康教育实践研究项目组。在试点区教育行政管理部门和试点学校的配合下，该项目组重点开展了北京市中小学生形体健康状况调研以及体姿矫正操的研发和推广工作，重点对十余项反映中小学生骨骼生长、身体姿态特征的指标（主要包括骨骼发育类——腿形、背部形态、足形，身体姿态类——整体形态、头部形态、肩部形态等）进行检测，其目的是了解在校中小学生日常生活中身体姿态异常的发生率，并对成因及危害进行分析，探索和创立改善学生身体姿态异常的有效干预措施，全方位塑造青少年健康、正确的身体姿态，促进青少年身心健康发展。

　　本书紧紧围绕形体健康这一主题，遵循问题导向思维模式，从形体健康与青少年健康成长的关系、身体姿态评价以及常用的运动干预方法等方面展开探索，为读者提供了有效的改善身体姿态异常的运动锻炼方法，如综合性的体姿矫正操和个性化的脊柱形态异常、骨盆倾斜、下肢形态异常的运动矫正方法等。

　　本书旨在为广大学校教育工作者、学生及家长普及形体健康理念，提高他们对形体健康的认知，为改善中小学生乃至全体青少年身体姿态异常，增强中小学生乃至全体青少年体质，使其成长为身心健康、身材匀称挺拔、举止优雅、心理积极向上、社会适应力强的阳光青少年提供具有实际应用价值的参考和指导。

  限于编写人员的水平，本书尚存不足之处，我们恳请广大读者多提宝贵意见，以便在后续修订中不断完善，提升质量。

  感谢北京市教育委员会体育卫生与艺术教育处、北京体育大学运动与体质健康教育部重点实验室、北京体育大学艺术学院以及北京北强形体健康科技研究院对本书的大力支持和帮助！

孙婷婷

2023 年 1 月

目录
CONTENTS

第一章

青少年身体姿态异常概述

近年来，肥胖、近视、脊柱侧弯等问题已成为当代青少年健康的"拦路虎"。中共中央、国务院印发的《"健康中国 2030"规划纲要》提出了"以预防为主"的战略主题，即健康关口前移。对于青少年群体而言，在学校开展身体姿态干预更易接受、效果更佳。这是因为青少年时期是健康观念、正确体态、锻炼习惯形成的黄金时期，在这个时期向青少年和家长普及健康教育知识、发放相关科普手册、举办相关讲座等，有利于提高青少年和家长对健康身体姿态的认知和重视程度，有助于青少年健康成长。

第一节　身体姿态发育的基本特征

青春期是青少年形体发育的重要节点，无论是身高、体重、坐高等外部身体形态的发育，还是人体内部骨骼、肌肉的增长，都处在迅速发展的阶段。而外部形体发育特征在一定程度上反映人体的生长发育状况和身体健康情况，是评价青少年形体发育的重要指标，具体包括身高、体重、坐高、上肢长、下肢长、胸围等。身高和体重是反映青少年身体形态纵向和横向发育水平最直观、最易测、最具代表性的指标。上、下肢的长度与胸围的比例关系，可以反映出青少年形体的匀称度和发育特征。

　　生长发育是人体的一个基本生命现象，这种现象贯穿于整个青少年时期，但青少年形体发育受遗传、地域、营养、体育锻炼、生活方式等因素的影响，因此，青少年在形体发育的速度和时间上存在较大的性别差异。具体表现：女生青春期生长突增通常始于 9 岁左右，而突增的高峰则在 10~11 岁；男生青春期生长突增的年龄比女生晚约 2 年，因此突增的高峰通常在 12~13 岁左右。虽然青少年之间生长突增、形体发育的水平参差不齐，但在这一基础上仍然具有共性，即人体各部位的发育一般遵循"向心律"：自下而上、从肢体远端向躯干发育。具体表现为足长—小腿长—下肢长—手长—上肢长—躯干长，先长度、后宽度、再围度，肌肉的生长速度落后于骨的生长速度。

　　身高是评价人体生长发育水平、速度的首选指标，主要反映人体骨骼发育和纵向发育的水平。身高发育水平受多种因素的影响，其中遗传因素对其影响尤为明显。相关研究表明，在青春期，青少年身高会出现一个明显的快速增长期。女生青春期身高突增出现在乳房发育后的半年至一年内、月经初潮的前一年，大约在 9~12 岁，其中 10~11 岁增长速度达到最快，身高增长高峰速度为每年（8.37±2.46）cm，13~14 岁增长速度逐渐减到最慢，之后身高水平基本处于稳定期；男生青春期身高突增出现在变声期后的一年左右，大约在 11~13 岁，12~13 岁身高增长速度达到最快，身高增长高峰速度为每年（9.74±1.87）cm，15~16 岁增长速度减到最慢，16~18 岁身高趋于稳定。

体重是评价人体横向生长发育水平的一项重要指标，主要反映人体骨骼、肌肉、皮下脂肪组织以及内脏器官在某种程度上的综合状况，常用于衡量个体的健康水平、体力水平，并间接反映人体的营养状况。青少年的体重发育水平随年龄的增长而不断增长，且增长速度存在不均衡、不匀速的特征。其具体表现：女生体重快速增长的时间为 10~12 岁，且在 10 岁时增长速度最快，体重增长高峰速度为每年（8.56±2.59）kg；13~14 岁时增长速度最慢，15~18 岁时维持每年约 1.1kg 的低速增长。男生体重快速增长的时间为 12~14 岁，且在 12 岁时增长速度最快，体重增长高峰速度为每年（10.79±3.67）kg；15~16 岁时增长速度最慢，之后维持每年约 2.29 kg 的增速。在对青少年身体形态特征的纵向研究中，男、女生体重增长变化规律一致，即 9 月、10 月、11 月的增长速度最快，而 6 月、7 月、8 月的增长速度最慢。与身高相比，男、女生体重突增峰值高于身高，从人体生长发育的一般规律来看，体重的发育特征与身高相似，即女生体重增长高峰年龄比男生早 2 年，而体重增长高峰速度低于男生。

坐高是衡量人体形态结构和发育水平的指标之一，主要反映躯干的生长发育状况及其与下肢的比例，从而间接体现内脏器官的发育状况。从整体发展来看，青少年的坐高随年龄的增加而不断增长，且个体之间增长速度存在不均衡、不同步的特点，男生坐高增长高峰年龄比女生晚 2 年，但是增长高峰速度高于女生，且男、女生在坐高增长高峰速度上相差较少。其具体表现：女生坐高的增长速度在 10~11 岁时最快，坐高增长高峰速度达到每季度（2.03±0.85）cm，13~14 岁时坐高的增长速度最慢；男生在 12~13 岁时坐高的增长速度最快，坐高增长高峰速度达到每季度（2.56±1.05）cm，15~16 岁时坐高的增长速度最慢。坐高与身高、体重的生长突增趋势基本一致，且男、女生身高增长高峰、体重增长高峰、坐高增长高峰基本在同一时期出现。这主要是由于青春期生长发育突增，青少年在身高增长的同时，体重与坐高也随之增长，因此这一时期家长必须保证青少年的膳食结构均衡、营养摄入充分，以促进青少年的形体发育。

上肢长随着年龄的增长而增大。男生上肢长的快速生长时间为 9~14 岁，15 岁后生长速度开始迅速下降，15~18 岁时生长速度趋于缓慢；女生上肢长的快速生长时间为 7~11 岁，12 岁后生长速度缓慢下降，12~18 岁时生长速度趋于缓慢。在发育高峰年龄方面，男生上肢长突增的年龄为 12~14 岁，女生上肢长突增的年龄为 10~13 岁，男、女生的上肢长在青春期增长较快，14 岁以后增长缓慢并逐渐接近成人水平。

从 13 岁开始，男、女生上肢长出现明显的差异。在 7~9 岁、12~17 岁年龄组，男生的上肢长于女生，而在 10 岁和 11 岁年龄组，女生的上肢略长于男生，即男、女生发育曲线出现交叉现象，这与女生的青春期早于男生且女生的生长速度在此阶段快于男生有关。

下肢长的生长突增期为 10~13 岁，从 12 岁开始，男、女生下肢长差异随年龄的增长而增大。男生下肢长的快速生长时间为 7~11 岁，从 12 岁开始生长速度缓慢下降，12~16 岁为生长缓慢期，17~18 岁男生的下肢长基本处于稳定期；女生下肢长的快速生长时间同男生一样为

7~11 岁，且 12 岁后生长速度缓慢下降，12~14 岁为生长缓慢期，15~
18 岁女生的下肢长基本处于稳定期。

胸围是人体胸部的外部周长。青少年的胸围直接反映胸腔的容积、
胸肌及背肌的发育程度，间接反映呼吸器官的发育状况。胸围与肺活量
密切相关，能在一定程度上体现心肺功能。青春期男、女生胸围的变化
趋势不同。男生进入青春期后，在 12 岁左右，受雌激素与雄激素比例
暂时性失衡的影响，胸围可能出现轻微增长。女生青春期通常始于 10~
11 岁，雌激素的显著升高驱动乳腺发育，乳房迅速隆起，乳晕扩大，
胸围显著增加，增速较快；16~17 岁，乳房发育趋于成熟，胸围逐渐达
到稳定水平。

青少年静坐少动的生活方式和体力活动的减少，使形体发育水平随
之发生变化。体育锻炼有利于骨质增厚，提高骨的承重、扩张能力，提
升关节的灵活性，从而促进形体的生长发育。因此，青少年在形体快速
生长时期要积极参与体育锻炼。

第二节　身体姿态异常的概念及危害

形体，即人的身体形态、体态，由体格、体形、姿态三个方面构
成。其中，体格包括人的身高、体重、胸围等；体形是指身体各部的比
例，如上身长与下身长的比例、肩宽与身高的比例等；姿态是指人的
坐、立、行等各种基本活动的姿势。良好的形体是青少年身心健康的重

5

要体现。近年来，青少年的生活方式越来越趋于静坐少动，且青少年往往在日常生活中忽视坐姿、站姿、走姿等，这容易导致躯干和核心肌肉发育不良，增加脊柱的不稳定性，从而增大形体不良、动作发展缺陷及背痛的发生概率。

形体健康追求的是身体和谐匀称、比例协调的体格美和体形美，并突出包括心灵美、姿态美和气质美在内的综合美。而身体姿态是外在美的体现，也反映出个体的健康状况，还关系到人体各组织、器官之间的协调与平衡。如果青少年长期处于身体姿态异常状态，不仅会对形体和精神面貌产生不良的影响，还会引发各组织、器官的异常变化，从而对机体组织、器官的功能等造成负面影响。青少年经常参加形体练习，不仅能够提高各肌肉、肌腱的弹性和伸展性以及关节的灵活性，还有利于培养正确的站、走、坐的姿势，优美的体态及高雅的气质。

一、身体姿态异常的概念

人们对身体姿态的界定有着不同的见解，但现实中人们常常将姿态完全等同于姿势。有研究指出，身体姿态主要包含身体和思想态度这两个层面，即外形和内在。与姿势相比，姿态包含的内容更为宽泛，既包含了姿势，也蕴含了内在精神状态的表现。也有研究将正确的身体姿态定义为利用人体各部位、各环节，即在上肢、下肢、头部、躯干的协调配合下，逐渐形成的站、走、坐等各种身体形态。

身体姿态是人体骨骼肌肉系统之间的协调与平衡的外显表征，通过被动结构（骨骼和韧带）、主动结构（肌肉）和神经系统来维持。身体姿态不仅仅是指外表的整体美感，更是对身体骨骼位置是否正确、身体功能是否存在异常、完成动作时身体各部位的姿势是否正确的全面表现。而身体姿态异常是指人体长期保持不良姿势，神经建立错误的身体姿势的传导通路，形成错误的神经记忆，身体多部位骨骼肌肉间的关系发生错乱，身体结构所承受的负荷紊乱。

二、身体姿态异常的危害

人体是一个复杂的有机整体，一个部位出现问题就可能会引起严重的功能障碍和身体机能的退化。例如，在青少年时期形成的高低肩、驼背、下肢形态异常、骨盆倾斜、脊柱形态异常等身体姿态异常问题若不及时进行干预，可能出现运动受限、易疲劳、背部及下肢疼痛、无力等症状。但由于身体姿态异常具有短期影响隐匿性、损害发生延滞性的特征，因此青少年身体姿态出现异常化倾向时，往往被青少年和家长所忽视和淡化，加上有些青少年缺乏对不良生活方式及身体姿态与健康知识的了解，不但未能及时纠正自身身体姿态异常的发展，反而随着时间的推移，加速其发展，使机体从由身体姿态异常引起的两侧肌肉力量不平衡，发展到限制内脏器官生长发育的骨骼对位线、骨骼关节结构的异常，最后形成某种生理缺陷和疾病。

良好的身体姿态使骨骼与肌肉处于平衡状态，此时身体各部分承受压力最小、承受能力最优。而身体姿态异常会打破骨骼和肌肉之间的平衡状态，增加骨骼局部的压力，容易产生一系列形体健康问题。身体姿态异常将影响青少年的生理健康和心理健康。长期的身体姿态异常将导致机体内脏器官的病变，从而导致器官功能退化。例如，探颈短期对机体产生的影响有头晕、肩颈肌肉酸痛，长此以往则会引发胸腔形变，使呼吸功能受到影响，腹腔容量也会缩小，影响日常进食。一旦出现身体姿态异常的情况，青少年就会更加注意他人对自身形体的评价，这会影响青少年的自信心，不利于青少年心理的健康发育。

第三节 青少年身体姿态异常的现状

　　青少年时期是身体形态发育的黄金时期，这一时期个体生理发育突增，主要表现为骨骼和肌肉的快速增长，青少年的外部形态也发生相应的改变。目前，青少年身体姿态异常情况不容忽视。在相关研究中，探颈与驼背发生的高峰期为 16～18 岁，与躯干快速增长期的年龄阶段一致。由于躯干生长速度较快，脊柱较易变形，加上学习压力和强度增大、体育锻炼时间减少，所以这一时期极容易形成探颈和驼背。女生发生探颈、驼背的概率高于男生，这主要与青春期女生体育锻炼时间减少、第二性征发育、肌肉力量较差等有关，男生则更容易发生颈部侧倾和骨盆侧倾。膝内翻发生的高峰期是 16～18 岁，膝外翻发生的高峰期是 14～16 岁。因此，要加强身体姿态异常在各自高峰期的预防与矫正。

　　青少年身体姿态异常的发生率从高到低依次为探颈、驼背、高低肩、脊柱侧弯、下肢形态异常，且在自然立正姿势和提示立正姿势下女生探颈、驼背的发生率都高于男生。有研究对上海市普陀区和松江区的 256 名中小学生进行体态评估后发现，被测学生存在严重的身体姿态异常现象，且个体出现的身体姿态异常并非单例，而是由身体代偿作用引发的多项异常，颈肩部、脊柱、骨盆和腿形均存在不同程度的异常。在该研究中，身体姿态异常主要集中在上肢，圆肩和颈部前倾的异常率最高，分别为 64.1% 和 62.5%，高低肩和颈部侧倾的异常率分别达到了48.4% 和 31%。就整体趋势而言，男生身体姿态的异常率高于女生，且更容易发生颈部侧倾和骨盆前倾。体重偏重的青少年出现身体姿态异常的概率较高且更易发生下肢形态异常。青少年的身体姿态异常主要与学习负担过重、不良的生活习惯、视力不佳等潜在因素有关。

另有研究对武汉市某小学一年级 308 名学生进行身体姿态调研，该研究主要从站、坐、走三大类基本身体姿态进行阐述。在站姿状态下，个体存在多种身体姿态异常并存的现象。其中，头位不正、探颈、双肩不平、脊柱侧弯的发生率分别为 3.2%、5.8%、11.7%、2.5%，而膝内翻、膝外翻的发生率分别为 21.8%、12.7%，部分学生同时具有两种或两种以上身体姿态异常的现象。在坐姿状态下存在的身体姿态异常主要有塌腰、驼背，其中驼背女生占总人数的 18.5%。在走姿状态下，男生存在上体晃动、双肩不平的人数占比要大于女生。通过对低年级学生身体姿态的调研可知，驼背、下肢形态异常等不良体态逐渐向低龄化发展，这主要与家长对学生身体姿态异常的认识模糊，体育教师对学生身体姿态异常的关注度较低，学生的先天遗传、学习环境和姿势习惯不佳，以及学生缺少体育锻炼等因素有关。

北京体育大学运动与体质健康教育部重点实验室与北京北强形体健康科技研究院携手，为推行"形体健康"的理念，推动身体姿态异常矫正的推广和科技研发工作，对北京市中小学生形体健康开展了长达三年的调研，累计测试学生 17 337 人。调研结果显示，北京市中小学生存在不同程度的发育异常和身体姿态异常，如驼背、高低肩、膝内翻等。以北京市东城区中学 16 167 人的调研结果为例，出现足形异常的人数占比最高，为 55.8%，肘关节、肩部和颈部的形态存在问题的人数占比分别为 29.1%、18.2%、15.0%，腿部、头部、背部的形态存在问题的人数占比分别为 13.9%、8.7%、7.2%。根据调研结果可知，东城区中学生高发的身体姿态异常问题是足形异常，其次为肘关节形态、肩颈部形态、腿形等问题，这主要与先天因素、缺乏体育锻炼、不良的生活习惯等有关。门头沟区 1170 名学生的身体姿态异常分布情况与东城区中学生的相似，出现身体姿态异常的部位也与东城区中学生的相似，足形异常的人占 22.91%，足形异常仍为发生率最高的身体姿态异常问题，随后依次为肩部和颈部形态异常（21.45%、19.40%），背部形态异常（14.79%），肘关节形态异常（4.62%），下肢形态异常（3.85%）及身体整体观异常（2.82%）。从数据来看，北京市中小学生身体姿态情况不容乐观，其中足形异常、肩部和颈部形态异常、肘关节形态异常已成为青少年身体姿态的三大问题。鉴于此，在青春期，青少年要注重对正确身体姿态的培养，加强体育锻炼，养成良好的生活习惯，这对于预防身体姿态异常具有积极作用。

第四节　青少年身体姿态异常运动矫正方法的特点

　　由于人体是一个复杂且不断变化的整体，一个环节出现问题，可能导致其他多个部位的功能都得不到正常的发挥。为了弥补这些部位功能的不足，其他各个环节可能会出现更多的代偿。运动可以使青少年身体的灵活性和稳定性以及对身体的控制能力得到极大的提高，在提高肌肉活性、降低运动损伤风险的同时还可以放松全身的关节和肌肉，使身体具有更好的恢复能力，进而有利于青少年身体各部位功能的全面发展。青少年正确身体姿态的形成更加强调肌肉的均衡发展，运动可以激活相关肌群、调动更多神经元，从而更大程度地激活神经对肌肉的控制能力，使神经系统得到锻炼，提高青少年身体的控制和协调能力。

训练方法和手段的选择要综合考虑青少年生长发育规律与身体基本素质、基础能力等方面的客观条件，设计符合青少年身体承受能力、思维能力和智力水平的训练动作。运动训练方案应由易到难、循序渐进，充分调动青少年的积极性、参与性和持续性，保证动作练习的质量以取得良好的效果。除此以外，在训练的整个过程中，家长需要监督配合，保证运动训练方案的实施质量，以达到良好的体育锻炼效果和干预效果。为有效改善和缓解青少年身体姿态异常的状况，有针对性的运动矫正方法应当具备以下特点。

一、符合青少年身心发展规律

青少年的身体素质及各个系统都处于发育阶段，属于一个特殊的群体。青春期是各项身体素质发展的重要时期，此时人体新陈代谢活跃、旺盛，身体各组织、器官的结构与功能都具有相当大的发展潜力和可塑性，在运动方面多体现为力量素质与耐力素质发展相对较差，易疲劳，柔韧素质和灵敏素质发展相对较好，关节活动范围大，关节周围的肌肉细长而薄弱，关节稳定性差。运动对青少年身体形态发育的影响很大，可以加快他们的血液循环，促进骨骼生长所需要营养物质的补充；可以刺激激素分泌，加速骨骼生长；可以使肌纤维增粗，增强肌肉力量，提高关节稳定性。所以设置合理的运动训练方案有助于青少年正确身体姿态的塑造，减少身体姿态异常的发生。

低年龄段儿童的神经系统兴奋过程占优势，神经活动过程不稳定，表现为注意力不易集中、做动作时不协调；随着年龄的增长，抑制过程逐渐发展，最后兴奋过程和抑制过程达到平衡。低年龄段儿童的神经细胞工作耐力差，容易疲劳，但恢复快。所以在训练中要注重提高他们的神经肌肉协调性、动作灵活性与稳定性，培养其建立正确的动作模式，让他们学会用力，尤其注意下肢用力要均衡和对称。

另外，由于肥胖、身体姿态异常的青少年容易产生自卑心理，甚至最终发展为自闭、抑郁等心理疾病，特别是在青春期，所以在训练中要注重增强青少年的自信心。研究设计符合青少年生长发育特点且具有针对性的矫正青少年身体姿态异常的运动训练方案，必须要结合青少年的身心发展特点及解剖学特点，并向相关领域专家进行咨询，在运动康复及体能训练的知识基础上进行。

二、尊重和认同个性化

在制订运动训练方案的时候，首先确定的是该方案的目的和效果，而这一点是由不同青少年的不同锻炼需求决定的，因此运动训练方案的制订具有个性化的特征。每个青少年都是不同的个体，而每个青少年通过运动想要达到和实际能够达到的效果是不同的，因此应当尊重个体差异和个性，在具体实施的过程中，也应当根据实际情况区别对待。

三、遵循可调整性与循序渐进原则

青少年存在个体差异性，这决定了一个运动训练方案不能适合每一个人，即使是某种早已被大多数人接受的运动训练方案也会存在一小部分人不适应的情况。所以，在运动训练方案实施的前期，教师必须具有敏锐的观察力和决策力，及时对不适合的内容进行积极的调整，这样的调整或许要反复很多次才能够形成一种相对而言最符合练习者的运动训练方案。

四、遵从特异性原则

运动时，练习方法或运动种类的不同会使青少年产生不同的生理反应和不同的适应情况，这就是运动效果的特异性。一般来说，运动效果都会存在特异性，所以应当根据运动目的来选择适宜的运动种类和练习方式。体质比较差的青少年，即使进行较小强度的练习也可以收到不错的效果，体质较好的青少年则必须有足够大的运动强度刺激才能收到理想的效果。最重要的是，青少年自身也应该明确自己的锻炼目的，坚持适合自己的锻炼方法。

五、以青少年的体能状况为基础

在运动训练方案的制订过程中，不能仅用年龄和性别作为运动训练方案的制订基础，而要将练习者的体力作为制订基础，这是因为练习者在体力上的差别超越了在年龄和性别上的差别。

六、以有效性与安全性为准则

为了提升体能水平，青少年在运动时必须达到改善呼吸功能和心血管功能的有效强度，也就是在运动时的心率必须达到靶心率。这个有效强度的下限，被称为"有效界限"。一旦超过有效强度的上限，就有发生危险的可能，而这一界限被称为"安全界限"。能够保证运动训练方案安全而有效的实施范围就是运动强度介于安全界限与有效界限之间。因此，教师需要根据青少年的实际情况制订运动训练方案。

七、合理安排运动负荷

（一）运动强度

运动强度是指身体练习对人体生理刺激的程度，是构成运动负荷的主要因素之一。运动的效果和安全性直接受运动强度的制约，因此合理的运动强度是进行安全、有效运动的重要环节。有氧练习应由小强度开始，逐渐增加，运动强度可控制在心率 130~150 次/min。另外，青少年可适当进行一些力量练习，但运动强度不可过大，可进行 8~10 组、每组 3~5 次的力量练习，组间休息时间可以稍长些。

（二）运动时间

每次练习时间为 30~50 min。

（三）运动频率

每周锻炼 3~6 次。

第二章

脊柱形态异常的评价及运动矫正方法

第一节　脊柱概述

脊柱是人体骨骼的一部分，成年人的脊柱由 26 块椎骨组成。脊柱有一定程度的生理弯曲，以此来承担身体的重量以及完成各项身体活动，所以脊柱可以说是人体骨骼系统中重要的部位之一。

一、脊柱的构造与形态

根据脊柱自上而下的构造可以将其分为五部分，即颈段、胸段、腰段、骶骨和尾骨。颈段是脊柱活动度最大的部分，处于整个脊柱的上部，含有 7 块颈椎，主要负责支撑头部。胸段处于整个脊柱的中上部，含 12 块胸椎，同时胸椎连接 12 对肋骨，与胸骨共同组成了胸廓，有保护内脏器官的作用。在胸廓周围的膈肌和肋间肌保护骨骼，同时参与人体的呼吸功能。腰段与骨盆相连，处于脊柱的中下部，含有 5 块腰椎。腰椎可以承担人体上半身的重量，同时又将力分散至下肢，起到"承上启下"的作用。骶骨由 5~6 块骶椎融合构成，上接第五腰椎，下接尾骨，是骨盆的组成部分。尾骨由 4~5 块退化的尾椎融合而成，也是骨盆的组成部分。

椎骨由中胚层的生骨节细胞围绕脊髓和脊索发育而成，先形成软骨，后骨化为椎体。椎体间隙的脊索发育形成髓核，其周围的纤维组织分化形成纤维软骨环，与髓核共同组成椎间盘。椎骨借韧带、椎间盘以及关节连接形成脊柱。

人出生时，椎骨有 2 个骨化中心。1 岁左右时，胸椎和腰椎两侧的椎弓完全融合；2 岁左右时，颈椎的椎弓开始融合；7~10 岁时，骶骨的椎弓开始融合。而椎体与椎弓的融合相对较晚，颈椎的椎体与椎弓在 3 岁左右融合，胸椎的椎体与椎弓在 4~5 岁融合，腰椎的椎体与椎弓在 6 岁左右融合，骶椎的椎体与椎弓则在 7 岁以后开始融合。

从不同的方向观察，脊柱有着不同的形态。从正面观察，脊柱是笔直的、平行于人体的垂直轴的。从侧面观察，脊柱呈 S 形，有 4 个生理弯曲，即颈曲、胸曲、腰曲和骶曲，其中，上部的颈曲和中下部的腰曲向前弯曲，中上部的胸曲和下部的骶曲向后弯曲。

脊柱的生理弯曲随着年龄的变化而有所不同。人刚出生时，脊柱呈现胸椎后凸和骶椎后凸的弯曲形态，以较大程度地扩大胸腔及盆腔地容量；出生 3 个月左右时，由于抬头动作的出现，颈椎开始形成前凸的生理弯曲，以支撑头部并保持平衡；1 岁左右时，幼儿出现走路的动作，此时腰椎出现前凸的生理弯曲，以直立起上半身保持直立行走时的平衡。至此，脊柱的 4 个生理弯曲初步形成。

正常人体在站立时，重力线一般会依次通过颈曲、胸曲、腰曲和骶曲，随之传向髋关节、膝关节及踝关节。个体生理弯曲的程度不同，例如，女性腰椎的前凸程度较男性稍大；患有圆肩或驼背的人群为保持直立，腰椎前凸的程度也较普通人群大。同时，胸椎过于后凸或者脊柱某节段向侧方弯曲都会影响脊柱的功能，从而引发疾病。

二、脊柱周围的肌肉

脊柱的负载功能主要是通过椎间盘的弹性减震功能和脊柱本身存在的生理弯曲的缓冲功能实现的，但在负载运动过程中，还必须依靠脊柱周围的肌肉组织的协调配合。椎间盘、脊柱的生理弯曲、椎旁组织作为维系脊柱负载功能的三个关键环节，相互依赖，缺一不可。

韧带是连接脊柱椎间关节的主要结构，其主要作用是稳定椎体，减轻椎间盘的压力，提高脊柱的稳定性。脊柱周围的肌肉组织起到保护骨骼及关节、提高人体运动系统功能的作用，可以通过后天的运动训练来适应关节不同的运动负荷和状态。

脊柱周围的肌肉主要分布于脊柱的背侧和前外侧，均直接或间接地作用于脊柱，使脊柱产生屈、伸、侧屈、回旋、环转等动作。使脊柱屈的肌肉主要有腹直肌、腹外斜肌、腹内斜肌、胸锁乳突肌、腰大肌；使脊柱伸的肌肉主要有竖脊肌、夹肌；使脊柱侧屈的肌肉主要是位于矢状轴一侧的躯干屈肌和伸肌以及腰方肌；使脊柱回旋的肌肉包括运动方向同侧的腹内斜肌、夹肌，以及运动方向对侧的腹外斜肌、胸锁乳突肌。

按照肌肉的分布深度分类，脊柱周围的肌肉可分为浅层肌群和深层肌群。脊柱周围的浅层肌群主要是指肩部、背部和腰部表层的一些大肌群，主要包括斜方肌、背阔肌、肩胛提肌、菱形肌、上后锯肌和下后锯肌，其主要作用是支配上肢和肋骨运动；深层肌群主要包括夹肌、竖脊肌、横突棘肌、横突间肌、棘间肌、头上斜肌、头下斜肌、头后大直肌及头后小直肌等，其主要作用是支配头部运动和稳定脊柱。

三、脊柱的功能

脊柱上部的颈椎连接头部；中上部的胸椎与肋骨、胸骨形成胸廓，同时通过锁骨等和周围肌肉将脊柱与上肢骨相连；中下部的腰椎和骶椎通过骨盆将脊柱与下肢骨相连。因此，人体上下肢的各种动作及身体活动，基本上都需要通过脊柱来保持动作的角度，维持身体平衡。

脊柱的 4 个生理弯曲增强了人体缓冲震动的能力，并且增强了人体在运动过程中的稳定性。脊柱的椎间盘可以缓冲震动，防止脊柱在剧烈运动或跳跃过程中出现损伤。由脊柱与肋骨、胸骨、髋骨等构成的胸廓和骨盆，在保护胸腔和盆腔内脏器官等方面发挥着重要作用。

脊柱除支持身体直立和保护脏器等功能外，还有强大的运动功能。脊柱相邻椎骨之间的间隙很小，这导致椎骨间的运动范围很小，但是各个椎骨连接在一起组成脊柱后便可以进行活动幅度较大的运动，如前屈、后伸、侧屈、回旋等。由于椎骨间椎间盘的厚度各不相同，脊柱各个节段的运动幅度也存在一定程度的不同。相较而言，颈椎和腰椎的活动度较大、较灵活，而胸椎和骶椎的活动度较小。

四、脊柱形态的相关概念

（一）科布角

脊柱侧屈角度较大、超过正常范围则形成病理性的脊柱侧弯，通常通过测量其侧弯角度来评估脊柱形态异常的严重程度，常用的测量方法为科布角（以下简称"Cobb 角"）测量法。选择脊柱全长正位 X 射线摄影，确定脊柱侧弯范围，在上端椎骨的椎体上缘和下端椎骨的椎体下缘各画一横线，对两条横线各做一条垂线，这两条垂线所形成的夹角称为 Cobb 角。Cobb 角的角度越大表示脊柱侧弯越严重。

（二）躯干旋转角度

衡量脊柱侧弯严重程度的另一指标为躯干旋转角度，它主要通过躯干旋转测量仪来进行前屈试验而得出，用来评估椎体的旋转程度以及肋骨的畸形程度。

（三）脊柱前后弯曲异常

脊柱的生理弯曲角度或者脊柱整体的弯曲形态超过正常生理范围时，即可视为脊柱发生了前后弯曲异常。根据弯曲角度不同，脊柱前后弯曲异常主要分为前凸异常和后凸异常。根据结构是否改变，脊柱前后弯曲异常可分为非结构性脊柱前后弯曲异常和结构性脊柱前后弯曲异常。非结构性脊柱前后弯曲异常一般来说是可逆的，如姿势性驼背、姿势性腰椎前凸过大等，通过正确的姿态矫正或运动习惯的养成可慢慢恢复至正常范围。而结构性脊柱前后弯曲异常主要指较严重的畸形、姿态僵硬，这种状态只通过姿态矫正或运动很难恢复到正常范围，如强直性脊柱炎、创伤性或结核性脊柱后凸畸形等，在必要情况下需要进行临床手术治疗。

（四）上交叉综合征

上交叉综合征是由于上肢动作模式发生异常而产生的综合性病征，

又被称为"近端交叉综合征"或"肩带交叉综合征",属于常见的脊柱姿势性问题。上交叉综合征的诱因主要是肩颈部肌肉发展不均衡,比较常见的异常姿态有圆肩、含胸、驼背、颈前伸等。上交叉综合征严重时可引起肩部或颈部疼痛,从而牵扯到其他部位,使其他部位也发生疼痛,还会伴有头晕、胸闷等,同时也容易造成运动中的肩胛控制模式异常。人体是一个整体,各个部位共同协作来发生作用,各个部位的联系非常紧密,因此,无论人体的哪个部位出现问题或者发生微小的改变,都会导致人体出现一系列的症状,进而对健康产生不良的影响。

（五）脊柱侧弯

脊柱侧弯是指脊柱的一个或多个椎体节段偏离中线而向左侧方或右侧方弯曲的状态。其在一定程度上伴有椎体旋转或前后凸、骨盆的旋转倾斜畸形以及椎体周围的肌肉韧带异常,属于一种脊柱的三维结构畸形。国际上通常用 Cobb 角来量化脊柱侧弯程度,Cobb 角 $\geqslant 10°$ 则认为发生了脊柱侧弯。随着现代解剖学、生物力学、临床医学以及康复医学等领域的发展,我们了解到脊柱侧弯不仅包含左右侧弯,还包括脊柱前后凸失衡以及脊柱异常旋转等状态。因而脊柱侧弯不只是一个平面内的问题,它是一个三维的、立体的、复杂的脊柱形态畸形问题。

按照结构状态,脊柱侧弯主要分为习惯性脊柱侧弯和病理性脊柱侧弯。习惯性脊柱侧弯是指由于日常不良的站姿、坐姿等原因引起的暂时性脊柱侧弯,在仰卧位时侧弯常可自行消失,一般通过改善姿态即可恢复正常。习惯性脊柱侧弯的 X 射线摄影显示脊柱骨性结构正常。临床上所说的脊柱侧弯为病理性脊柱侧弯,它以外观异常为主要早期临床表现,随着畸形的进展,躯干失去平衡、背部疼痛等临床症状逐渐产生。

病理性脊柱侧弯按病因学分类，可分为特发性脊柱侧弯和其他类型脊柱侧弯。其中特发性脊柱侧弯最为常见，其发病原因不明，多发于 10~16 岁的青少年，为儿童青少年脊柱侧弯中最常见的类型，占比约为 75%~80%，患者以青春期女生为主。

第二节　脊柱形态异常的常见原因及危害

一、脊柱形态异常的常见原因

（一）遗传因素

遗传基因是脊柱形态异常的原因之一，某些脊柱形态异常是基因突变或家族遗传因素引起的。这已经得到了研究证实，但还不明确其具体基因改变的类型。

（二）生物化学因素

钙调蛋白是肌肉组织中一种利用钙结合相关蛋白作为调节因子来调节钙功能和多种酶系统的物质。钙调蛋白是感受细胞内钙离子浓度变化、参与细胞信号传导的钙离子结合蛋白，在控制肌肉的收缩功能和舒张功能方面也发挥着重要作用。有学者研究发现，脊柱形态异常人群体内的钙调蛋白含量是脊柱形态正常人群的 25~30 倍，并且钙调蛋白含量越高，脊柱形态异常越严重。

（三）神经系统因素

中枢神经系统与脊柱形态异常的发生也有一定的关联。有学者研究发现，脊柱的异常与神经系统发育不良有关，中枢神经系统发育不良会影响周围神经系统的敏感性，同时还可能影响骨骼肌肉系统的发育。在解剖学领域，大脑存在着控制脊柱运动的亚区，其能够控制脊柱的姿势。有学者研究发现，脊柱形态异常人群与脊柱形态正常人群的脑部结构存在一定的差异，该因素也可能是引起脊柱形态异常的原因之一。总之，对中枢神经系统的研究将为脊柱形态异常病因的判定提供更多的依据。

（四）生长发育因素

在青春期，身体各部分生长发育速度加快，脊柱的生长发育速度最快的阶段也是这一时期。在这一时期，脊柱形态异常人群的生长发育早于脊柱形态正常人群。生长发育速度较快可能导致脊柱周围肌肉发展不均衡，从而产生脊柱形态异常。也有学者指出，造成脊柱形态异常的原因之一可能是脊柱前柱的生长速度快于后柱，或者脊柱侧生长的空间不足。

（五）生活习惯因素

1. 背包方式

在青少年时期，背包方式会对脊柱的生长发育造成一定的影响。背包方式主要分为对称性和非对称性两种，它们均会对青少年的脊柱形态造成影响，导致脊柱形态异常。

对称性背包方式主要是背双肩包。有学者研究发现，在青少年背重双肩包行走 21 分钟后，其胸椎和腰椎的弯曲度明显增加。所以，背包负重对胸椎和腰椎可能会造成一定程度上的损伤。此外，在背双肩包时，肩部和背部会不自觉地向前、向上耸，颈椎的生理弯曲度也会因此产生异常。

非对称性背包方式即使用单肩包。长时间使用一侧肩部负重背包会对肩关节造成一定程度的损伤。在背单肩包时，包的重量会对肌肉和关节造成影响。另外，为避免背包的滑落，人们往往会习惯性地将背包一侧的肩部向上抬起，如长时间保持此姿势，则会使脊柱上部的斜方肌长时间处于收缩状态，进而造成疲劳。在青春期，青少年如长期单侧背包，很容易形成明显的高低肩（经常背包一侧的肩部高于未背包一侧的肩部），严重的会导致脊柱侧弯，损害身体健康。

2. 课桌椅的高度

在青少年的生长发育过程中，不仅自身内部原因会导致脊柱形态异常，一些外部因素也会导致脊柱形态异常。例如，在学习过程中不可或缺的课桌椅就会对青少年脊柱生长造成一定的影响。如果使用的课桌过低，青少年脊柱的上半部就会向前倾伏，胸椎和腰椎前侧腔体内的血管和脏器就会受到挤压从而影响正常运转；较低的课桌还会使青少年经常弯腰低头，颈椎前倾的角度会随之增大，胸椎向后凸的角度也会随之增大，长时间如此容易形成驼背的姿态。相反，如果课桌过高，青少年的肩部容易向上耸起，形成耸肩，也会导致脊柱形态异常。青少年正处于生长发育的重要时期，适宜的课桌椅高度和良好的坐姿有助于他们正常身体姿态的形成。因此，课桌椅的高度与青少年身高的比例适宜，才能促进青少年的正常生长发育。

3. 缺乏体育锻炼

我国每年都会对学生的体质状况进行监测。研究报告显示，我国青少年体质逐年下降，其原因主要包括学习时间过长、身体活动减少、久坐时间增加及不健康的生活方式等。例如，电子产品的迅速发展使得越来越多的青少年出现屏前行为（看电子产品的时间过长），以及长时间低头学习、长时间以不良坐姿瘫坐在沙发上看电视等。久坐会导致背部肌肉长时间处于被牵拉的紧张状态，腰椎部分的椎间盘压力增大，容易造成脊柱形态异常。经常参加体育锻炼、增加身体活动时间，能够提高脊柱两侧肌肉的稳定性以及韧带的弹性和柔韧性，有利于脊柱各关节、肌肉以及骨骼的协调发展，帮助青少年形成正确的身体形态和良好的身体姿态。

二、脊柱形态异常的危害

在青春期，异常的脊柱形态不仅会对青少年的生理与心理的正常发育产生不利影响，还会对青少年在日常生活、学习中的行为表现产生不利影响。如果长期使用错误的姿势来坐、立、走、跑，脊柱就无法得到充分的休息和恢复，这极易造成脊柱周围肌肉的疲劳或损伤，并导致青少年脊柱发育不良或异常。

脊柱形态的维持涉及人体各组织器官之间的协调和平衡，正确的脊柱形态能保持身体稳定，保证脊柱各个节段的正常功能，减少肌肉和韧带的紧张，缓解肌肉的疲劳。脊柱形态一旦发生异常，不仅会影响身体姿态，还会影响内脏器官的功能，导致体质健康水平下降，严重者出现身体畸形，影响循环系统和呼吸系统的功能，甚至产生生理缺陷和某些疾病。

（一）对身体外观的影响

脊柱形态异常会导致身体外观有明显的畸形，如双侧的胸廓或乳房不对称、双侧肩胛骨不等高、双腿不等长、驼背、鸡胸、身材矮小等。

（二）对心肺功能的影响

脊柱形态异常在一定程度上会导致胸部变形，影响呼吸时的气体交换，易引发呼吸障碍，并且影响局部血液循环。脊柱侧弯发生得越早，尤其是发生在青少年时期，对人体肺通气功能的影响就越严重。脊柱的异常弯曲也会影响内脏器官的发育及其功能的正常运行。如果由于脊柱形态异常而导致胸廓畸形，就有可能进一步导致心肺功能障碍，严重的会引起心肺功能衰竭。

（三）对肌肉组织的影响

脊柱周围的肌肉覆着在脊柱各节段的关节上，使其产生各种运动，并且可以维持姿势、稳定关节和产生热量。大量研究表明，脊柱侧弯引起的肌肉不平衡发展会加重脊柱畸形的程度。身体中轴的旋转偏移程度以及胸椎曲度与肌肉力量有着密切的关系。如果脊柱两侧的肌肉发育不均衡，可能会造成身体长时间保持姿势的能力减弱。在站立的时候，脊柱侧弯患者凹侧肌肉组织的肌电振幅小于凸侧，这容易导致脊柱受力和支撑作用点不均衡。这使青少年患者极易发生身体的疲劳和腰背部的不舒服。

人体是由多个部分构成的一个极为复杂而又相互作用的整体，就像一栋高楼，必须处于垂直的位置，才能够承受各种不同程度的重力作用，此时肌肉不需要过度收缩用力，就能使人体始终处于动态平衡中。一旦动态平衡被打破，身体的某个部位就会出现姿态异常，一个部位发生异常，势必需要其他的部位予以补偿，某些部位的肌肉因为参与补偿会变得过分紧张、僵硬。同时，相反部位的肌肉会变得松弛、无力。所以必须及时采取相应的有针对性的方法和措施来防止这样错误的补偿情况过多发生，尽可能地让身体维持在一个正确的动态平衡位置上。

（四）对身体力学结构的影响

只要发生轻度的脊柱形态异常就会影响青少年的形体和姿态，从而导致脊柱受力和支撑作用点不均衡。脊柱侧弯就是因为脊柱受到不对称力矩的影响，从而导致椎体在左右偏斜的同时伴随着不同程度的旋转。

近年来，青少年的运动量越来越少，运动时间越来越短，久坐时间越来越长，逐渐形成了静坐少动的生活和学习方式，这对青少年的脊柱形态存在严重的危害，容易导致脊柱发育不良或异常，造成驼背、圆肩等不良身体姿态。因此我们迫切需要对青少年进行身体姿态相关知识的普及和讲解，并对其存在的问题进行有针对性的矫正和干预。

第三节　脊柱形态异常的评价方法

脊柱形态异常的评价方法有很多种，如观察法、铅垂线测量法、放射影像学评定，以及使用 Body Style 形体姿态测试仪等。

一、观察法

在身边没有测量仪器的时候，观察法是最简便易行的一种方法。被检查者身体呈自然站立位，检查者分别从不同的方向观察被检查者的身体形态。

(一) 侧面观

观察与身体重力线相关的情况，如颈椎、胸椎、腰椎的弯曲程度是否过大，头部是否前伸严重，胸部是否压低或挺高，腹部是否凸出等。脊柱有颈曲、胸曲、腰曲、骶曲 4 个生理弯曲，正常情况下，胸曲后凸的顶点不应超过颈曲前凸最深点后方 5 cm，胸廓呈光滑的轮廓，无凸出及凹陷。

侧面观的异常情况：注意髂前上棘与髂后上棘的相对位置，如果髂前上棘升高，提示骨盆后倾或髋骨向后旋转，骨盆后倾将引起腰曲前凸的减少或平背甚至摆动背；如果髂后上棘升高，则提示骨盆前倾或髋骨向前旋转，骨盆前倾会加大腰曲前凸。

(二) 后面观

观察身体重力线是否向左、向右倾斜。在正常人群中，脊柱应无侧弯，双侧肩胛骨应与脊柱等距且平贴于胸壁。注意软组织是否存在萎缩或痉挛，其可继发于应力集中或功能障碍，注意观察皮肤皱褶的差异。注意棘突的排列，观察背部是否正直或存在侧弯或后凸，如果存在侧弯，应观察胸廓形状。注意被检查者能否站直或向前、后弯曲，观察被检查者两侧肩胛骨是否与脊柱等距、是否等高，有无过度的内收或外展，是否有翼状肩胛，观察冈上肌、冈下肌肌腹及位于肩胛骨上的大圆肌、小圆肌是否萎缩。观察斜方肌上部是否肥大或萎缩。观察被检查者双上肢姿势体位是否一样，一侧肢体是否过度离开躯干或过度内、外旋，这通常继发于肌肉的缩短和不平衡。

二、铅垂线测量法

铅垂线是指物体重心与地球重心的连线，与水平面相垂直。姿势正常时，铅垂线与脊柱标志点在同一条直线上。如果观察发现脊柱形态异常，可以通过铅垂线测量法查看被检查者有无脊柱侧弯。

测量方法：被检查者呈自然站立位，检查者手持铅垂线从被检查者头部后方枕骨隆突中点自然下垂，在正常情况下铅垂线会经过臀中沟，如果铅垂线不经过臀中沟，则表示被检查者存在脊柱侧弯的情况。

三、放射影像学评定

前文所述的两种测量方法的精度会受检查者操作情况的影响，主观性较大，所以对疑似有脊柱侧弯者，应建议其做 X 射线摄影检查。检查者拍摄被检查者直立位从第一胸椎到第一骶椎的 X 射线摄影正、侧位片，在 X 射线摄影片上测量其脊柱侧弯的角度。如果 X 射线摄影片显示其脊柱的横向偏差 Cobb 角≥10°，即可诊断为脊柱侧弯。

四、使用 Body Style 形体姿态测试仪

根据青少年的成长发育特点，本研究以 Body Style 形体姿态测试仪（Model. S-8.0）作为脊柱形态异常的评价方法。Body Style 形体姿态测试仪测试标准见表 2-1。

表 2-1　Body Style 形体姿态测试仪测试标准（脊柱形态异常）

姿态类型		正常范围	运动干预范围	专家咨询范围
正面	肩部倾斜	$0° \leq \theta < 2°$	$2° \leq \theta < 4°$	$\theta \geq 4°$
	骨盆倾斜	$0° \leq \theta < 2°$	$2° \leq \theta < 4°$	$\theta \geq 4°$
	左右身体均衡	差异不到 5%	差异 5% 及以上，不到 10%	差异 10% 及以上
背面	肩胛骨倾斜	$0° \leq \theta < 2°$	$2° \leq \theta < 4°$	$\theta \geq 4°$
	脊柱弯曲程度	$0° \leq \theta < 5°$	$5° \leq \theta < 10°$	$\theta \geq 10°$
侧面	颈椎倾斜	$\theta < 2.5$ cm	2.5 cm $\leq \theta < 5$ cm	$\theta \geq 5$ cm
	上体倾斜	$15° \leq \theta < 35°$	$35° \leq \theta < 45°$	$\theta \geq 45°$（向前） $\theta < 15°$（向后）
	骨盆前后倾斜	$0° \leq \theta < 20°$	$20° \leq \theta < 25°$（向前） $-5° \leq \theta < 0°$（向后）	$\theta \geq 25°$（向前） $\theta < -5°$（向后）

注：θ 为倾斜角度。

第四节　脊柱形态异常的预防及运动矫正方法

一、脊柱形态异常的预防

虽然发生脊柱形态异常的青少年数量较多，但是大部分属于轻度异常，一般不需要临床干预，只需要在日常生活中加以指导和预防，以免异常程度加重。引发青少年脊柱形态异常的主要因素是不良的生活和学习习惯以及不良的姿势习惯等，因此，在预防中需要注意以下几点。

（一）加强健康教育

青春期是青少年发生脊柱形态异常的高峰期，所以应增强青少年保持正确身体姿势的意识，培养其保持正确身体姿势的习惯。青少年的心智并不完全成熟，所以降低青少年脊柱形态异常的发生率需要各方面人员的共同努力，特别是要加强家长、教师对青少年身体姿态的重视，进行家校双重监督。

在学校中，为了提高学生、教师、家长三方对学生身体姿态健康的重视程度以及健康知识的普及程度，可以有针对性地开展与脊柱相关的解剖学知识的讲解，加强对正确保护脊柱的方法的宣传，增强学生的自我约束，加强家长和教师对学生的督促，使学生能够保持良好的坐姿、站姿和行走姿势。同时，学校要遵守国家相关政策，在保证学业水平的同时适当减轻学生的课业压力，减少其负重，减少久坐时间，增加体育活动时间。其他社会团体也应主动参与建设有利于青少年脊柱健康发育的环境，例如，社区可以经常宣传健康保健知识，医疗卫生机构可以积极推广和普及脊柱弯曲异常的筛查技能等。

（二）培养良好的姿势习惯

家长应该尽早地督促青少年形成正确的读写姿势，并在日常生活中随时对青少年的不良姿势进行纠正。平时读书学习的课桌椅的高度应与青少年的身高成适宜的比例，且应及时根据青少年身高的增长对课桌椅的高度进行调整，以避免课桌过高导致耸肩或课桌过低导致驼背。学校也要定期调整课桌椅的高度和青少年在教室的座位位置，做到个性化。同时青少年在课余时间应强化户外活动和体育锻炼，养成健康的生活方式，形成保护脊柱的良好行为习惯。

（三）进行足够的锻炼

当然，在所有的预防手段中，个人的健康意识培养是最重要的。青少年应积极主动地学习脊柱相关健康知识和保护脊柱的方法，增加身体活动时间。世界卫生组织提出，青少年每天应至少进行 60 min 的中高强度体力活动，同时减少久坐时间，尤其是使用电子设备的时间。学校应该落实相关政策，保证学生有充足的时间参加各项体育运动，为了达到预防和纠正的目的，可在学校体育课程中加入对脊柱周围肌群的练习，通过体育教师的讲授，配合科学的训练手段，让学生掌握脊柱周围肌群的练习要领和方法，并养成锻炼的习惯，以增强脊柱的稳定性。

（四）加强营养

青少年时期是生长发育的关键时期，为满足机体运转的要求，青少年需要按时按需补充营养物质，如维生素、蛋白质和钙、镁等元素。同时，青少年应适当进行室外活动，接触日光（每天 30 min 左右），以增加骨密度，促进肌肉生长，从而增强脊柱的稳定性。

（五）定期体检筛查

一些青少年自身及其家长可能缺少对青少年身体形态的关注，直到出现临床表现时才发现青少年脊柱形态异常的情况。所以有必要将脊柱形态异常筛查纳入每学年或新生入学体检项目，做好青少年脊柱健康监测工作，早发现、早预防、早诊断、早治疗，保护和促进青少年脊柱的正常发育。同时针对脊柱形态异常率较高的学校，定期开展常规性筛查。

总之，脊柱形态异常作为青少年的常见病之一，对青少年的健康成长会造成不良影响，所以应当加强筛查、预防工作，早诊断、早干预。针对不同情况的人群要有不同的关注手段。对脊柱正常的青少年，要创建有利于脊柱健康发育的环境，针对目前青少年的学习、生活特点，学校要适当增加一些增强脊柱肌群力量的运动课程；对于脊柱形态异常的青少年，建议在专业人士（医生、康复治疗师等）的指导下进行矫正，改善青少年的不良姿态，必要时可以利用一些辅助器具协助矫正脊柱形态异常，同时建议学校或家长对青少年的身体姿态进行定期监测，长期观察其脊柱姿态，以避免形态异常程度加重从而发展成病理性形态异常；对于疑似病理性脊柱形态异常的青少年，应到专业的医疗机构进行进一步的筛查，如确诊为病理性脊柱形态异常，要按照病症程度制订个性化治疗方案（物理治疗、佩戴矫正支具或手术治疗），遵医嘱定期复诊，及时调整治疗方案。

二、脊柱形态异常的运动矫正方法

在脊柱形态异常的青少年中，脊柱侧弯的现象非常普遍。脊柱侧弯可以通过运动进行矫正。脊柱侧弯的运动矫正方法是为了恢复骨骼和肌肉的功能或减少疾病、损伤引起的疼痛而设计的身体活动方法，其目的是通过脊柱和胸廓三维方向的功能锻炼，延缓或防止脊柱侧弯进一步加重。一般性的运动矫正方法包括功能性锻炼、瑜伽、平衡球、脊柱健康操、游泳以及部分少数民族传统体育锻炼方法等，多为围绕核心力量练习的干预方法。较为严重的脊柱侧弯通常会影响呼吸功能，此时需要配合系统的呼吸练习，帮助患者改善呼吸功能。从青少年身体发育规律的角度来讲，越早发现患病问题并及时进行矫正治疗，改善效果越好。

从国内对青少年特发性脊柱侧弯的研究来看，对脊柱冠状面异常的研究较多，对脊柱矢状面异常的研究较少。在脊柱矢状面异常中，胸椎过度后凸是较为常见的现象。胸椎过度后凸会对脊柱的正常生理结构产生影响，如果不加以矫正，畸形和疼痛则会加重，严重的会损伤脊髓和神经根，甚至造成瘫痪。围绕拉伸胸大肌和胸小肌等胸部肌群并强化背部肌群的针对性训练是最为常见的矫正方法，对改善青少年胸椎过度后凸有良好效果。除此之外，严重的胸椎过度后凸患者还要配合特定的呼吸训练，从而增强呼吸肌力量，改善肺功能，提高运动能力。

（一）运动矫正训练方案

脊柱形态异常的运动矫正训练方案及其整体安排见表 2-2 和表 2-3。

表 2-2 脊柱形态异常的运动矫正训练方案

要素	内容
训练内容	拉伸松解性练习，力量练习
运动强度	中等强度，最大心率的 60%~85%（最大心率＝220−年龄）
运动时间	每次 60 min，其中准备活动 20 min、矫正训练 30 min、拉伸放松 10 min
运动频率	每周 3~6 次
注意事项	注意训练安全问题，根据个体状况调整运动强度

表 2-3 脊柱形态异常的运动矫正训练整体安排

阶段	主要活动	时间安排
一	基础训练活动	第 1~4 周
二	加强训练活动	第 5~12 周
三	巩固训练活动	第 13~20 周

（二）训练内容

1. 第1~4周训练内容

第1~4周训练内容见表2-4。

表2-4　第1~4周训练内容

内容分类	具体内容		时间	运动负荷
准备活动	头部运动 肩部运动 体侧运动 体转运动 下肢运动 有氧运动		20 min	每个动作20次/组，做2组
矫正训练	颈部	颈深屈肌训练	30 min	20次/组，做2组
		同侧斜方肌上束牵拉		一侧做15~30 s，左右两侧交替做
		肩胛提肌牵拉		
	胸部	跪位胸椎伸展		20次/组，做2组
		跪位胸椎旋转		
		俯卧位直臂上抬（大拇指向上）		20次/组，做2组
		胸大肌牵拉		
	脊柱	滚背运动（前后滚动、左右滚动）		20次/组，做2组
拉伸放松	脊柱伸展运动： 双臂上举拉伸脊柱 仰卧位拉伸脊柱 脊柱前侧的伸展运动 脊柱左右两侧的伸展运动 侧伸腿的伸展运动 脊柱后侧肩胛肌的伸展运动		10 min	每个动作20次/组，做2组

2. 第 5~12 周训练内容

第 5~12 周训练内容见表 2-5。

表 2-5　第 5~12 周训练内容

内容分类	具体内容		时间	运动负荷
准备活动	头部运动 肩部运动 体侧运动 体转运动 下肢运动 有氧运动		20 min	每个动作 20 次/组，做 2 组
矫正训练	颈部	颈深屈肌训练	30 min	20 次/组，做 2 组
		斜方肌上束牵拉		同侧斜方肌上束牵拉：15~30 s 对侧斜方肌上束牵拉：15~30 s
		肩胛提肌牵拉		左右两侧各做 15~30 s
	胸部	跪位胸椎伸展		每个动作 20 次/组，做 2 组
		跪位胸椎旋转		
		俯卧位直臂上抬（大拇指向上）		
		胸大肌牵拉		
		猫式运动（驼式运动）		
		侧桥肘支撑（脚或膝）		10 次/组，做 2 组
	脊柱	滚背运动（前后滚动、左右滚动）		20 次/组，做 2 组

续表

内容分类	具体内容	时间	运动负荷
拉伸放松	脊柱伸展运动： 双臂上举拉伸脊柱 仰卧位拉伸脊柱 脊柱前侧的伸展运动 脊柱左右两侧的伸展运动 侧伸腿的伸展运动 脊柱后侧肩胛肌的伸展运动	10 min	每个动作 20 次/组，做 2 组

3. 第 13~20 周训练内容

第 13~20 周训练内容见表 2-6。

表 2-6　第 13~20 周训练内容

内容分类	具体内容	时间	运动负荷
准备活动	头部运动 肩部运动 体侧运动 体转运动 有氧运动	20 min	每个动作 20 次/组，做 2 组
矫正训练 （脊柱康复 训练）	四点支撑腰部运动		20 次/组，做 2 组
	四肢对侧交叉躯干		左右各 10 次/组，做 2 组
	稳定性练习：腹桥		20 s/组，做 1 组
	动态躯干伸展 I	30 min	20 次/组，做 2 组
	动态躯干伸展 II		20 次/组，做 2 组
	动态躯干伸展 III		10 次/组，做 1 组
	仰卧卷曲		20 s/组，做 1 组
	深蹲练习		20 s/组，做 3 组
	滚背运动		20 次/组，做 1 组

续表

内容分类	具体内容	时间	运动负荷
拉伸放松	脊柱伸展运动： 双臂上举拉伸脊柱 仰卧位拉伸脊柱 脊柱前侧的伸展运动 脊柱左右两侧的伸展运动 侧伸腿的伸展运动 脊柱后侧肩胛的伸展运动	10 min	每个动作 20 次/组，做 1 组

第三章

骨盆倾斜的评价及运动矫正方法

第一节 骨盆概述

一、骨盆的结构

骨盆位于身体中心，连接脊柱和下肢，分为大骨盆和小骨盆，是传递重力的重要结构。骨盆与脊柱在骶骨处通过骶髂关节相连，这个关节是一个微动关节，一般认为其运动幅度只有 1~3 mm；骨盆与股骨通过髋关节相连，能在三个面进行运动，我们在日常生活中常做的弯腰、抬腿等动作都是这个关节在活动。宽阔而稍前倾的骨盆，既构成了躯体最结实的基座，也是躯干和下肢的连接环节，起到了承上启下的作用。骨盆健康影响着整个身体的姿态。

骨盆由两侧髋骨、骶骨和尾骨组成。其中，髋骨由髂骨、坐骨和耻骨三块骨组成。在人刚出生时，这三块骨通过 Y 形软骨连接在一起；在生长发育过程中，部分软骨发生骨化，形成新骨，最终转变为坚固的骨性联合。在骨盆前面，两块髋骨在耻骨处通过耻骨联合相连接；在骨盆后面，两块髋骨通过骶髂关节和骶骨相连接。这些连接只有非常小的活动范围，也就是说，这些连接把整个骨盆的多块骨紧密地连在一起。

骨盆倾斜度是指人体直立时骨盆入口平面与水平面的夹角。正常情况下，男性的骨盆倾斜度为 $50° \sim 55°$，女性的骨盆倾斜度为 $55° \sim 60°$。男性与女性的骨盆在形态结构上也有显著的性别差异。男性的骨盆高而窄，女性的则低而宽；男性两耻骨下支形成的耻骨角较小，女性的则较大；男性大骨盆与小骨盆的界口呈杏形、横径较小，女性的则呈圆形、横径较大。女性骨盆的特点有利于胎儿的分娩。

二、骨盆的功能

骨盆是一个拱形结构，可以承受很大的重量和较强的震动。在传递力时，臀部会产生两个支撑身体的骨弓。人在站立状态下，腰部的力通过骶骨、骶髂关节和髋臼传递到股骨头，从而构成了"立弓"；人坐直后，力从骶骨处向两侧转移到骨盆，即为"坐弓"；当人行走、奔跑、跳跃时，骨盆还会产生一个支撑的反作用力，该力从下半身向上转移。骨盆的特殊构造决定了它具有支撑体重、减震、保护内脏、提供肌肉附着点和生殖等功能。

骨盆是连接上半身和下半身的枢纽，也是力传导的枢纽。骨盆与脊柱通过骶髂关节相连，上半身的重力在这里分为两路向两侧传递。骨盆与下肢则通过两侧的髋关节相连，重力分别从两侧髋关节向下传递。同样，地面的反作用力以相反的方向通过两侧髋关节，并经由骨盆和骶髂关节向上传递。在正常站立时，人体的重心位于骶骨前 $3 \sim 4$ cm 处，骨盆的位置对于重心的稳定至关重要。骨盆区域的微小变化，传导至脊椎和上下肢时，会被不断放大。因此，骨盆位置异常可能引发其他部位出现严重的身体姿态问题。骨盆能够为肌肉提供附着点，以骨盆为起点或止点的肌肉有很多，这些肌肉控制着骨盆和身体其他部位的相对运动。人体很多基本活动（如呼吸、站立、行走、弯腰等）的实现，在很大程度上依赖于这些肌肉的正常工作。通过为肌肉提供附着点，并在肌肉收缩舒张时为其提供稳定的支点，骨盆参与了几乎所有的人体运动。

此外，骨盆能够保护盆腔内的脏器，女性的骨盆还起到托住胎儿的作用。骨盆的盆底构成了腹腔的下沿，因此，骨盆在承托和保护盆腔内的脏器以及女性怀孕时承托和保护胎儿方面扮演至关重要的角色。

三、骨盆的运动

骨盆对人体的主要作用是支撑和稳定，一般情况下，骨盆并不需要进行大幅度的运动。由于骨盆与脊柱和下肢相连接，这些部位的运动会带动骨盆运动。例如，步行时，脊柱固定，骨盆会随着腿部的运动而运动；而弯腰时，腿部固定，骨盆会随着脊柱的运动而运动。骨盆通过骶髂关节连接脊柱，通过髋臼连接下肢。耻骨联合与骶髂关节的结构特点决定了它们的活动范围很小，因此，它们的运动需要通过骨盆的整体运动来实现。骨盆的运动通过附着在骨盆上的肌肉的收缩来完成，不同肌肉的收缩会带来不同的骨盆运动方向。

骨盆能够绕冠状轴、矢状轴、垂直轴及混合轴进行运动。骨盆能够绕冠状轴做前倾和后倾运动，运动幅度为90°~120°，如体前屈抱腿动作、收腹举腿动作及向后背腿动作；能够绕矢状轴做左右侧倾运动，运动幅度为10°~20°，如体侧屈动作与跑步时增大步幅的送髋动作；能够绕垂直轴做左右回旋运动，运动幅度为 $30° \sim 45°$，如转体动作；能够绕混合轴做环转运动，运动幅度为 $40° \sim 45°$，如徒手操中的体环绕动作。

四、骨盆周围的肌肉

骨盆周围有多块肌肉，它们对骨盆的作用至关重要。其中，髂腰肌、缝匠肌及阔筋膜张肌等肌肉在远固定状态下收缩能够使骨盆前倾；股二头肌、半腱肌和半膜肌等肌肉在远固定状态下收缩能够使骨盆后倾；臀大肌、臀中肌和臀小肌等肌肉在远固定状态下收缩能够使骨盆侧旋。

髂腰肌位于腰部两侧，包括腰大肌和髂肌。髂腰肌在近固定状态下收缩，可以使大腿在髋关节处屈和外旋；在远固定状态下两侧同时收缩，可以使脊柱前屈、骨盆前倾，一侧收缩可以使脊柱向同侧屈。髂腰肌的力量训练主要有负重高抬腿、悬垂举腿、前控腿等。

缝匠肌是人体最长的肌肉，主要分布在大腿前侧和内侧，起始于髂前上棘，止于胫骨上端内侧。在近固定状态下，缝匠肌收缩可以使大腿在髋关节屈、外旋、外展；在远固定状态下，两侧缝匠肌同时收缩可使骨盆前倾。缝匠肌的力量可以通过夹膝、踢毽子等运动来增强，缝匠肌的伸展能力可以通过跪撑后倒等动作来锻炼。

阔筋膜张肌位于大腿前部外侧，呈梭状，起于髂前上棘，止于胫骨外侧髁。在近固定状态下，阔筋膜张肌参与大腿在髋关节处屈、外展、内旋；在远固定状态下，两侧的阔筋膜张肌同时收缩可使骨盆向前。阔筋膜张肌的力量可以通过悬垂举腿、仰卧起坐、仰卧剪腿、负重高抬腿等动作来增强，阔筋膜张肌的伸展能力可以通过后压腿、后打腿、跪撑后倒等来锻炼。

股二头肌位于大腿后外侧，有两个长短不一的头，呈梭状。长头起于坐骨结节，短头起于股骨粗线，两头合并为一条肌腱止于腓骨头。在近固定状态下，长头收缩可以使大腿后伸，长头和短头收缩可以使小腿在膝关节处屈曲并外旋。在远固定状态下，两侧股二头肌同时收缩可以使骨盆后倾，而一侧股二头肌收缩可以使大腿在膝关节处屈。股二头肌的力量可以通过立定跳远、后蹬跑、纵跳和俯卧背腿等动作来增强，股二头肌的伸展能力可以通过正压腿、纵劈腿、正踢和直腿体前屈等动作来锻炼。

半腱肌位于大腿内侧皮下，半膜肌位于半腱肌的深面。半腱肌和半膜肌起于坐骨结节，半腱肌止于胫骨粗隆内侧，半膜肌止于胫骨内侧髁的后面。在近固定状态下，半腱肌和半膜肌收缩可以使大腿在髋关节处伸，小腿在膝关节处屈、内旋；在远固定状态下，两侧半腱肌和半膜肌同时收缩会使骨盆后倾，而一侧半腱肌和半膜肌收缩会使大腿在膝关节处屈。半腱肌、半膜肌的力量可以通过俯卧腿弯举等动作来增强，半腱肌、半膜肌的伸展能力可以通过前压腿动作来锻炼。

臀大肌为扁平肌，可以分为上下两部分。臀大肌起于臀后线之后的髂骨背面、骶骨与尾骨的背面、腰背筋膜和骶结节韧带，止于股骨臀肌粗隆及髂胫束。在近固定状态下，臀大肌收缩可以使大腿伸；在远固定状态下，一侧臀大肌收缩可以使骨盆向对侧旋转，两侧同时收缩可以使骨盆后倾，从而保持身体直立。

臀中肌、臀小肌均位于臀部的外侧，臀小肌位于臀中肌的深处。臀中肌、臀小肌起于髂骨翼外侧，止于股骨大转子。在近固定状态下，臀中肌和臀小肌收缩可以使大腿在髋关节处外展；在远固定状态下，臀中肌和臀小肌收缩可以使骨盆向同侧倾。

第二节　骨盆倾斜的概述

一、骨盆倾斜的定义

李子荣①是我国第一个对骨盆倾斜下定义的人。他提出骨盆倾斜即冠状面骨盆不在精确的水平位的概念。在临床中，骨盆的前后倾斜通常被认为是由于骨盆的相对水平轴的位置发生了变化，而骨盆的左右两侧倾斜主要表现为骨盆的相对矢状轴的位置发生了变化，骨盆左、右旋转的复杂情况则是骨盆环绕垂直轴所发生的位置改变。一些学者也把骨盆的倾角分为冠状倾角和矢状倾角两种。杨传铎等②学者已在多项研究中应用此种分类，以探讨骨盆倾斜度之关系。而门洪学③根据骨盆倾斜度的不同，将骨盆倾斜分为15°及以下、16°~25°、26°及以上。骨盆与脊柱在矢状面倾斜的角度有很多种，通常可以通过观察髂前上棘和髂后上棘的倾斜角度来判断骨盆倾斜度。骨盆在矢状面倾斜的角度改变，会影响脊柱的稳定性，这是因为保持姿势稳定的肌群会根据脊柱静态负荷的变化进行调整。

① 李子荣. 骨盆倾斜的病因与治疗 [J]. 中华外科杂志, 1988, 26 (4): 244-246.
② 杨传铎, 杨云卓. 骨盆倾斜的分型治疗 [J]. 中华骨科杂志, 1992, 12 (6): 4.
③ 门洪学. 骨盆倾斜的外科治疗 [J]. 中华外科杂志, 1983, 21 (12): 752-753.

二、骨盆倾斜的现状

现如今，与骨盆相关的医疗研究不断深入，臀肌挛缩合并骨盆倾斜的症状也逐渐进入人们的视野。肖进等①对 31 位臀肌挛缩合并骨盆倾斜的患者进行了随访，结果显示，单纯的臀大肌挛缩不会导致骨盆倾斜，但骨盆倾斜会导致臀中肌纤维化。臀大肌挛缩会导致肌肉长度变短、弹性降低，同时也会对骨盆、股骨产生牵引张力，直立时会引起下肢外展，同时也会导致骨盆向对侧倾斜，若能在早期就发现症状，并加以矫正，则可使身体姿态及步态得以改善。

骨盆和股骨上端发育异常可能是骨盆的受力不均衡引起的。马军等②对 600 名男性进行了人体姿态测试，结果表明，超过半数的受试者都有躯体倾斜的现象，而且倾斜度与负重有关。研究同时发现，小学生的躯体倾斜度要大于中学生的躯体倾斜度。马晓③发现，有 40% 的小学生都有不健康的身体姿态，而骨盆不正是造成这些问题的主要原因。

骨盆是人体最重要的部位，起着承上启下的作用。如果骨盆倾斜在早期被诊断出来，就能更早地进行预防。一项针对慢性非特异性下背痛患者的研究表明，此类患者也有骨盆倾斜的问题。刘峻宏等④对 400 名慢性非特异性下腰痛患者进行了研究，结果显示，随着病程的延长，骨盆代偿的程度越来越高。因此，他认为这个症状和骨盆倾斜有很大的关

---

① 肖进，徐力鹏，原林，等. 臀肌挛缩伴骨盆倾斜症的发病机制及治疗 [J]. 中国矫形外科杂志，2001，8（4）：319-321.
② 马军，朱虹，斯颀，等. 背负重量对少年儿童身体姿势的影响 [J]. 中国学校卫生，2001，22（2）：119-121.
③ 马晓. 儿童不良身体姿态矫正的实验研究——以呼家楼小学的学生为例 [D]. 北京：首都体育学院，2010.
④ 刘峻宏. 400 例慢性非特异性下腰痛患者骨盆倾斜情况研究报告 [D]. 成都：成都体育学院，2015.

联。同时提出可以通过功能锻炼等运动干预方法来增强关节的稳定性，并使肌肉力量平衡发展，这对于此类症状的缓解具有重要意义。王忠良等①从多年的临床实践中总结得出，骨盆倾斜是小儿矫形外科中比较常见的一种症状，其病因多种多样，治疗方案也各有不同。他认为，骨盆倾斜与多种因素有关，臀肌力量失衡是常见因素。其收治的 78 例患者，发病年龄为 8～17 岁，经治疗后，大部分患者的骨盆倾斜得以恢复正常。

三、骨盆倾斜的分类

（一）骨盆前倾

骨盆前倾是指骨盆非正常向前偏移，造成腰椎过度前凸。其主要表现为腹部向前顶、臀部后凸。这种情况不仅出现在肥胖的人中，瘦人也可能出现。骨盆前倾的主要原因是腹部肌肉（如腹直肌）与臀部肌肉（如臀大肌）力量不足，背部肌肉（如竖脊肌）与髋部肌肉（如髂腰肌）的过于紧张，即肌肉力量不平衡。久坐不动的生活方式、缺乏锻炼、长期不良姿态及训练方式不正确等均是诱发骨盆前倾的重要因素。

骨盆前倾会产生很多问题。第一，骨盆前倾的存在会导致其他身体姿态问题难以解决。例如，我们想解决头部前倾问题，必须先解决骨盆前倾问题。骨盆前倾问题没有得到解决，头部前倾问题是很难解决的。第二，骨盆前倾会继续影响全身的力学结构，产生新的体态问题。人体是一个整体，一个部位的异常，势必会影响其他部位。例如，骨盆前倾

① 王忠良，张德文，覃佳强，等. 臀肌肌力不平衡所致骨盆倾斜的生物力学与治疗 [J]. 临床小儿外科杂志，2002（1）：18-20.

的人，更容易出现足弓塌陷。

（二）骨盆后倾

骨盆后倾，与骨盆前倾相反，是指骨盆非正常向后偏移，造成腰椎过度后凸。其主要表现为弯腰驼背、小腹脂肪堆积、臀部塌陷，同时还可能伴有内八字等步态问题。这种身体姿态会导致重心前移，膝关节过度承重。骨盆后倾是由屈髋肌群的薄弱导致的。

当存在骨盆后倾时，上背部和颈部会试图弥补骨盆的异常位置，而努力将身体向前拉。所以骨盆后倾可能会引起圆肩、头部前倾等不良身体姿态。同时，骨盆后倾、圆肩、头部前倾等不良身体姿态会增加背部的压力，即增加脊柱的压力，间接造成腰背部、臀部、腿部等的疼痛，甚至会造成腰椎间盘突出、坐骨神经痛、肌肉拉伤等慢性或急性损伤。另外，由于骨盆是承载生殖功能和撑托脏器的重要结构，所以骨盆后倾还会影响内分泌系统等的生理功能。

（三）骨盆侧倾

骨盆侧倾就是骨盆整体向一侧倾斜。当人在自然站立的状态下，髂前上棘的位置不处在同一水平线，而是某一侧升高，则说明可能出现骨盆侧倾。如果我们将骨盆比作一个盆，盆里装满了水。骨盆侧倾的时候，水从哪边流出来，哪边就是骨盆侧倾的方向。骨盆侧倾往往不是骨盆的结构歪斜，而是因肌肉张力不平衡导致的。骨盆侧倾分为功能性的骨盆侧倾和结构性的骨盆侧倾，也有功能性与结构性混合的骨盆侧倾。功能性的骨盆侧倾会因为不同的动作改变骨盆两侧的高低差异，也就是说功能性的骨盆侧倾会受到肌肉张力的影响。结构性的骨盆侧倾是由异常的骨性结构引起的，通常无论是在站立位、坐位、仰卧位，还是在俯卧位，骨盆均呈现侧倾。

骨盆侧倾的形成原因有很多，比较常见的有骶髂关节上滑错位、髂骶关节的上错位、髂骶关节的下错位、耻骨联合分离、脊柱侧弯、功能性长短腿、结构性长短腿、扁平足、高弓足、拇指外翻、结构性股骨颈角度差异等。运动模式的异常、日常生活的不良习惯等，例如上厕所的时候总是踮起一只脚，坐在椅子上的时候总是一侧臀部承重等，均为引起骨盆侧倾的原因。脊椎、骨盆都有中立位的概念，它是骨骼排列最自然、最适合运动的状态。如果骨盆侧倾了，就会造成一系列负面影响，如左右肌肉力量不平衡，身体变歪，导致胸部、背部肌肉大小和厚度不同，两侧腹肌大小不同等，这会限制力量的进一步均衡发展。日常生活的不良习惯，会逐渐放大骨盆侧倾的危害。纠正骨盆侧倾需要对肌肉力量进行调整，简单地说，需要加强过度松弛肌群的肌肉力量，如阔筋膜张肌、腹内斜肌、髂腰肌等。同时，放松骨盆高的那一侧的过度紧张肌群，让体位回归正常。

（四）骨盆旋转

骨盆旋转是指单侧或双侧髂骨在垂直轴上相对脊柱发生向左或向右的旋转。人体为了寻求平衡，会使脊柱出现与骨盆相反的旋转。骨盆旋转严重者会出现旋盆翘臀、旋腰挺胸的异常体态。骨盆和股骨通过髋关节连接，和脊柱通过骶髂关节连接，这两个关节都有多个自由度。通过这两对关节的不同运动组合，骨盆可以进行多个方向的移动、旋转和倾斜。在日常生活中，涉及两侧下肢不对称的运动往往伴随骨盆的旋转，最典型的就是走路。一条腿向前迈时，这一侧的骨盆会伴随旋转，我们称之为"旋前"。在正常情况下，走路时，身体两侧交替运动，动作幅度应该是类似的。如果某一侧旋转得更多，很可能会在站姿中保持这样的习惯，这就出现了骨盆旋转。

骨盆旋转常见于训练动作不协调的健身爱好者、产后骨盆不正的女性及腰椎疾病的患者，其产生多由于两侧肌肉、韧带等软组织张力不平衡，关节发生位移所致。骨盆旋转是身体不对称的一种表现，可能源于两侧下肢的不对称，也可能源于躯干的侧倾和旋转。骨盆旋转时，后腿往往更多参与承重，因此更容易出现扭转问题，包括膝关节的扭转、足弓塌陷等问题。后腿所在一侧的腰方肌、腰部竖脊肌、髋内旋肌群等紧张缩短，而髋外旋肌群、臀大肌则被拉长。前腿所在一侧则刚好相反。这种紧张模式可能进一步沿着躯干向上发展，导致胸廓的反向旋转。如果在放松的站姿、坐姿或卧姿中，骨盆和胸廓维持这种反向旋转模式，腹壁和肋骨的运动会被限制，导致呼吸模式异常。单侧的肋骨外翻、翼状肩胛也可能和骨盆旋转有关。骨盆旋转的纠正需要主动改变姿态习惯，并促使肌肉力量平衡。

第三节　骨盆倾斜的常见原因及危害

一、骨盆倾斜的常见原因

在现代人的日常生活中，很多场景都会导致骨盆位置的异常，而骨盆长期处于异常位置，会导致部分肌肉过度活跃和紧张，而另外一些肌肉则过度松弛无力。就像拔河比赛，如果一方力量更强，中间的彩带就会移向这一方。肌肉不平衡也是同样的道理，过度紧张的肌肉会把骨盆拉向自己，而过度松弛的肌肉又因为没有被激活或者力量不足，无法和这些肌肉对抗。这样就会加重骨盆倾斜，形成恶性循环。久坐与缺乏锻炼、不良身体姿态、机体其他部位异常、运动过度、损伤未完全康复、肌肉力量失衡等均是导致骨盆倾斜的原因。

（一）久坐与缺乏锻炼

久坐是导致骨盆倾斜的重要原因之一，特别是错误坐姿的久坐状态。长期的错误坐姿不仅会带来脊柱的侧弯、旋转，还会给骨盆带来压力。当人体处于坐姿时，髋关节屈，屈髋肌群缩短；如果躯干未挺直，特别是腰椎向后拱起，会使骨盆后倾肌群缩短；如果坐姿不良，身体向一侧倾斜，或习惯跷二郎腿，则会使骨盆侧倾肌群缩短。长时间保持坐姿时，人们通常不会将腰背抵在椅背上，而是将臀部、骨盆向前推。如果每天花几个小时以这种不当的姿势坐着，腘绳肌可能会缩短，腰部曲线可能会消失，骨盆后倾就有可能形成。

缺乏锻炼也是导致骨盆倾斜的原因之一。骨盆部位的肌肉有非常强大的作用，无论是在单腿承重时还是在双腿承重时，都能让骨盆处于正确的位置。但是不同的姿势，骨盆部位的肌肉状态不同。如果缺乏锻炼，肌肉力量不足，使骨盆两侧的肌肉长时间处于不平衡的状态，一侧肌力正常发挥而另一侧肌力得不到发挥，久而久之就会使骨盆发生倾斜。

（二）不良身体姿态

背单肩包、长期趴睡、不良站姿等不良身体姿态同样能够导致骨盆倾斜。第一，长期同侧背单肩包会改变身体左右两侧受力的平衡状态。

为了平衡身体，人体从肩关节开始，依次向下进行代偿。很多习惯背单肩包的青少年都有高低肩的问题，这是全身体态问题的综合反映，还可能会出现脊柱侧弯、骨盆侧倾或腿部与足部的问题。第二，长期俯卧也是骨盆倾斜的一个原因，主要表现为骨盆后倾。当以这样的睡姿入睡时，手臂极有可能放在脸前，这会将上半身向后推，并使骨盆向前移动。如果想要纠正由长期趴睡引起的骨盆后倾问题，最好选择仰卧睡姿。第三，不良站姿也是导致骨盆倾斜的因素之一。很多人坐姿标准，但是站立的时候姿势不够正确，如含胸驼背、腰背太过放松，这也可能引起脊柱侧弯与骨盆倾斜。长期骨盆后倾的站姿会强化不良身体姿态。例如，骨盆后倾的人在上半身负重时，通常会向前移动髋部。如母亲抱着婴儿时，她们可能会让髋部向前移动来承担额外的重量，而不是靠腰部发力。又如有些人在站立的时候为了省力会前倾身体，把腹部靠在工作台上支撑体重。

（三）机体其他部位异常、运动过度、损伤未完全康复

机体其他部位异常是导致骨盆倾斜的原因之一。由于天生的长短腿、膝外翻或膝内翻、扁平足等部位异常姿态导致的骨盆位置异常不在少数，这是因为腿部和足部的结构会直接影响身体的承重模式，使骨盆出现适应性代偿，从而引起骨盆倾斜。

运动过度也是导致骨盆倾斜的原因之一。适度运动能够增强体质，而过度运动会对身体产生不利影响。健身、跳舞、体操、跑步等运动虽然可以锻炼身体，但是当运动量很大的时候，骨盆附近的一些肌肉会因使用过度而导致损伤。损伤会导致肌肉力量不平衡，从而造成骨盆倾斜。

在损伤未完全康复时进行活动也是导致骨盆倾斜的原因之一。如球

类运动过程中经常出现的崴脚，若青少年没有完全恢复就进行活动，则日常的动作模式可能会发生改变，特别是在站立、步行和运动中，踝关节以上的部位会出现一系列的代偿现象，可能导致骨盆倾斜。

（四）肌肉力量失衡

肌肉力量失衡也与骨盆倾斜有关。例如，短而紧绷的腘绳肌会将骨盆后部向下拉导致骨盆向后倾斜；紧绷的腹肌会将骨盆前部向上提。腹肌拉着骨盆前部向上，腘绳肌拉着骨盆后部向下，这加剧了骨盆后倾。骨盆后倾的人群可能存在臀大肌紧张的情况。紧绷的臀大肌会拉着骨盆后部向下，产生和紧张的腘绳肌相似的作用。骨盆后倾会伴有屈髋肌群的薄弱，加强屈髋肌群的肌肉力量能够帮助抵消腹肌向上拉拽的力，使骨盆前部保持平衡。腰部肌群力量薄弱时，肌肉很可能被牵拉，这会使腘绳肌过度向下拉拽骨盆，因此，加强腰部肌肉力量有助于将骨盆拉回中立的位置。

在现实中，往往存在上述多种现象叠加的状况，这使得控制骨盆运动的肌群之间的不平衡变得更复杂，造成各种身体姿态问题。出现肌肉力量失衡和骨盆倾斜之后，我们不能期待这种现象会自然好转。就像拔河，在获得最终胜利之前，力量更强的那一方会持续发力，绳子会不断地被拉过去。一旦陷入肌肉力量失衡和骨盆倾斜这个恶性循环中，问题只会越来越严重。所以，当骨盆倾斜出现时要及时矫正，以免不良状态进一步发展。

二、骨盆倾斜的危害

骨盆倾斜不仅会影响身体曲线，还会给身体带来一定程度的损伤。

如长时间腰椎前凸，身体姿势不正确，可能导致腰背酸疼，引发肩颈问题，还可能导致关节形变，加重八字脚、扁平足等。如果走路呈现"鸭子步"、鞋底磨损程度不一、臀部过度后凸、下肢异常肥胖等现象，就可能是骨盆倾斜导致的。不良腿形、脊柱侧弯与高低肩、肩颈酸胀与腰背痛等问题均与骨盆倾斜有关。

（一）不良腿形

长短腿、膝外翻或膝内翻等不良腿形与骨盆倾斜有关。长短腿可以分为结构性和功能性两大类。正常来说，人的双腿长度基本一致。当骨盆一侧向上倾斜，身体为了保持稳定，同侧的腿部骨骼就会被骨盆带着往上提拉，从而出现两腿长短不一的现象。同时，腿短一侧的骨盆向上侧倾，导致腰方肌、髂腰肌、耻骨肌紧张，大腿内收肌紧张，大腿外展肌无力，同时伴随腿短一侧骨盆的前倾。膝外翻、膝内翻等不良腿形也与骨盆倾斜有关。如当骨盆前倾时，股骨内旋，导致膝外翻；骨盆后倾时，股骨外旋，导致膝内翻。

（二）脊柱侧弯与高低肩

脊柱侧弯与高低肩等问题也与骨盆倾斜有关。骨盆是脊柱的基座，如果骨盆歪了，脊柱自然会倾斜，导致其力学结构失衡，功能紊乱，产生疼痛。骨盆位于人体的正中间，起着承上启下的作用。当骨盆向一侧倾斜时，双腿的相对位置会随之变化，从而导致长短腿的出现。这会导致走路的时候重心不稳。为了使身体平衡，脊柱就会往一侧倾斜，于是脊柱出现侧弯，肩膀也会变得倾斜，出现高低肩。这种体位会引发身体左右侧肌肉力量失衡。另外，长期骨盆倾斜与脊柱侧弯会导致全身代偿性倾斜，各部位的活动都会受到限制，进而引起肌肉衰退。肌肉是燃烧脂肪的唯一场所，如果肌肉力量不足，脂肪就会囤积，导致肥胖。

（三）肩颈酸胀与腰背痛

肩颈酸胀与腰背痛也可能是由骨盆倾斜引起的。骨盆倾斜能够牵拉腰部周围的肌肉向左右移动，使腰部神经受到压迫而引起腰痛。长此以往，从腰部到背部的肌肉容易变得僵硬，造成血液流动不畅，从而引起肩部疼痛，若是久坐或久站，疼痛感还会更明显。因此，骨盆倾斜，特别是骨盆前倾，可能是引起肩颈酸胀的原因之一。另外，骨盆倾斜引发的脊柱侧弯也能够间接引起肩颈酸胀与腰背痛。有学者认为，人们经常出现的腰腿不舒服等症状正是由骨盆位置变化而引起的。骨盆偏离中立位会引起脊柱生理弯曲的变化，进而对神经产生一系列的压迫，现代社会许多令人难以摆脱的腰背痛、肩颈问题以及内脏疾病，都是关节、肌肉和脏器发生的功能障碍，究其原因都受到骨盆倾斜的影响。长期伏案工作及不良坐姿所引起的骨盆倾斜，不仅会使背部肌群及大腿前部肌群等肌肉拉长变弱，大腿后部肌群紧张缩短，还会造成腹部肌群和臀大肌力量变弱，长此以往压力就集中在颈部和腰部，造成现代人多发的肩颈酸胀和腰椎曲线变平的问题，腰椎曲线变平还会带来各种不良影响。

（四）生理机能下降

生理机能下降可能与骨盆倾斜有关。骨盆具有保护和承托内脏器官的重要功能，骨盆倾斜会影响骨盆内的诸多器官。骨盆前倾可能会导致子宫、卵巢、胃肠等器官原本的形态发生扭曲，以致体液流动受阻，导致肠蠕动机能减弱及慢性便秘的发生。骨盆倾斜对于女性的生殖器官危害比较大，会造成女性月经期间子宫内膜脱落较慢，导致女性痛经、月经失调、小腹坠胀等问题。此外，静脉曲张也与骨盆倾斜有关。骨盆倾斜可能使血管受到压迫，影响正常的血液循环。例如，骨盆侧倾会使一侧髋关节变紧，使下肢血液循环不畅，长此以往易造成静脉曲张。

第四节　骨盆倾斜的评价方法

一、日常测量评价方法

（一）骨盆前倾与骨盆后倾的日常测量评价方法

方法一：受试者靠墙站立，身体自然放松，双脚打开约与肩同宽，背部、骶部贴墙，测量者观察受试者腰部和墙面的空隙大小。正常状态为受试者腰部和墙面之间有一个手掌的厚度，小于这个厚度为骨盆后倾，大于这个厚度为骨盆前倾。此方法较为简易，只能作为日常的粗略测量方法。

方法二：找到受试者髂前上棘（骨盆上沿最前侧的位置）和耻骨联合的位置，并观察受试者在自然站立时髂前上棘和耻骨联合的相对位置，如果两者在同一条铅垂线上，说明骨盆没有前倾或后倾；如果髂前上棘在耻骨联合之前，则说明骨盆前倾；如果髂前上棘在耻骨联合之后，则说明骨盆后倾。此方法也是日常的简易测量方法，但较方法一更加精确。

（二）骨盆侧倾的日常测量评价方法

触摸并标记受试者两侧髂前上棘的位置，观察受试者在正常站立时

54

这两点的高度是否一致。如两点的高度不一致，则可能为骨盆侧倾。此方法较为简易，只能作为日常的粗略测量方法。

（三）骨盆旋转的日常测量评价方法

受试者以最自然的姿势站立，测量者观察受试者两脚脚尖的前后关系，若其两脚脚尖前后不一致，特别是伴随前脚内旋和后脚外旋时，则说明受试者很有可能存在骨盆旋转问题。或受试者以最自然的姿势站立，测量者观察受试者两侧髂前上棘的前后关系，若其两侧髂前上棘前后不一致，则受试者可能存在骨盆旋转问题。此方法较为简易，只能作为日常的粗略测量方法。

二、影像学测量评价方法

在骨盆倾斜的影像检查中，站立位骨盆侧位 X 射线摄影最为常用。采用骨盆侧位 X 射线摄影测定真骨盆水平倾角，即取两侧髂前上棘连线的中点与耻骨联合上缘连线，测定其与垂线的夹角。这一方法被公认为是一种确定真骨盆矢状面倾角的标准方法。骨盆倾斜根据真骨盆的角度来划分，可分为三类：中立位、骨盆前倾、骨盆后倾。中立位骨盆，即真骨盆平面平行于身体冠状面；骨盆前倾是指骨盆在 X 射线摄影片上与耻骨联合之间的距离较远；骨盆后倾的定义与骨盆前倾相反。

三、使用 Body Style 形体姿态测试仪

使用 Body Style 形体姿态测试仪（Model. S-8.0）进行骨盆倾斜评价的方法如下。

正面观骨盆倾斜的评价方法：采用测试仪器，对受试者进行正面观

拍摄测试。测量者用球形标记受试者的左、右侧髂嵴。该仪器能自动测量和分析左、右侧髂嵴的倾角和高低差；测量结果用左上或右上倾角来表示，计量单位分别为°和 mm。

侧面观骨盆倾斜的评价方法：采用测试仪器，对受试者进行侧面观拍摄测试。测量者在受试者的髂前上棘和髂后上棘处进行球形标记，该仪器能自动测量和分析髂前上棘与髂后上棘之间的夹角。测量结果用向前或向后的倾角以及向前或者向后的倾斜差来表示，计量单位分别为°和 mm。

第五节　骨盆倾斜矫正方案的制订原则及运动矫正方法

一、骨盆倾斜矫正方案的制订原则

骨盆位于人体的中心，连接着脊柱和下肢，弯腰和抬腿等日常动作都涉及骨盆，它对人体的身体结构非常重要。特别是女性，在怀孕生育时，骨盆受到了极大的挑战。但是并非只有女性才会有骨盆问题，现代的生活和工作方式对人体骨盆的稳定性造成了威胁，无论是男性还是女性，都面临着潜在的骨盆问题。骨盆变得不稳定之后，与它连接的脊柱就会被牵连，并出现腰酸的情况，而下肢也会对应地出现长短腿、走路不稳等情况。严重时可能还会出现盆底肌失衡或者肌肉紧张，造成漏尿、尿频、便秘等情况。因此，对骨盆倾斜的预防与及时矫正变得越来越重要。首先，要对可能出现的骨盆倾斜进行预防，纠正日常不良姿势与生活习惯，对不平衡的肌群进行针对性训练，并避免久坐。第二，要使用科学合理的方法对骨盆倾斜进行矫正。

青少年骨盆倾斜矫正方法的选择要符合青少年的身心发展规律。对青少年而言，大肌群的发育速度比小肌群快，肌肉组织的弹性较大，肌肉的发展存在不平衡性，骨骼尚未完全骨化，骨骼的弹性和柔韧性较大。由于青少年的肌肉和骨骼存在这些特点，所以要设计科学合理的运动方案。科学合理的运动有助于青少年身高的增长和体质的增强；还能够增强肌肉力量、增大关节活动幅度，促进肌肉和骨骼的良好发育。此外，运动形式可以是在神经系统的支配下的多关节、多平面运动，以使人体在更大程度上发挥较高的功能水平。除了在基本训练部分设计的一些强化肌肉力量的练习动作，运动干预方案从开始的准备活动到最后结束的伸展活动都需要安排设计较为全面的练习内容，使练习者在矫正骨盆倾斜的同时，增强肌肉力量和身体柔韧性。

在运动中，最关键的是要激发练习者的积极性，让他们自觉地参与运动，这样能使其更积极地参加练习，实现运动干预方案的目标。每个训练阶段的每节课的基础训练部分都可以采用自编动作来帮助青少年进行练习。另外，诙谐幽默的语言表达，既能活跃课堂气氛，又能让练习者主动参与，从而激发参与者强烈的锻炼兴趣。同时，在运动干预的训练过程中，要通过科学的游戏的方式，激发青少年对运动的兴趣，从而达到较好的锻炼效果。

此外，训练方式也要有针对性并循序渐进。在制订运动干预方案时，必须清楚地知道这个方案的目标和预期的结果。要明确每个个体在实施运动干预方案的过程中所能做到的、所能实现的结果都不尽相同，所以要始终注重针对不同的青少年的具体情况，采取不同的方法。青少年身体素质的提高有阶段性特征，要想取得更好的成绩，就必须循序渐进地加大训练动作的难度，以求达到新的高度。在运动强度和运动量的安排设计上，不能只追求短期效果而忽略练习者的主观感觉，要将其安排在练习者可以适应的范围之内，防止出现过度疲劳。并且，在各个阶段，运动强度都要合适，以便在一步一步的训练中，让练习者获得更好的训练效果，从而改善骨盆倾斜。此外，专门的形体练习教室也可以用来开展运动干预课程，它能使练习者在进行安全有效训练的同时，更好地将注意力集中于自身动作的练习并保持正确的身体姿态。

二、骨盆倾斜的运动矫正方法

骨盆倾斜的运动矫正是对存在骨盆倾斜问题的青少年制订具有针对性的运动矫正训练方案，包括准备活动、基本的矫正训练和肌肉的拉伸放松。

准备活动部分要选取能够在开始正式运动前，使身体各部位逐步进入运动状态的动作。矫正训练部分是运动矫正训练方案的核心，选取具有针对性和代表性的核心力量练习，能够有效增强核心力量，强化肌肉的对称性发展，帮助骨盆回归中立位，维持骨盆的稳定性，从而起到促进良好的身体姿态养成的作用。拉伸放松部分选取了一些下肢和腹背部的拉伸动作，如腘绳肌的拉伸练习，这有助于增强肌肉柔韧性，使肌肉力量达到平衡状态。同时能够放松肌肉，减少延迟性肌肉酸痛，使关节恢复正常的活动范围，养成良好的身体姿态，促进青少年身心健康发展。

（一）运动矫正训练方案

本套方案总体分为三个阶段，每个阶段的动作难易程度不同、运动负荷的安排也不同。

骨盆倾斜的运动矫正训练方案及其整体安排见表3-1和表3-2。

表3-1　骨盆倾斜的运动矫正训练方案

要素	内容
训练内容	力量训练
运动强度	中等强度，最大心率的60%~85%（最大心率=220-年龄）
运动时间	每次60 min，其中准备活动15 min、矫正训练30 min、拉伸放松15 min
运动频率	每周3~6次

表3-2　骨盆倾斜的运动矫正训练整体安排

阶段	主要活动	时间安排
一	基础训练活动	第1~4周
二	加强训练活动	第5~12周
三	巩固训练活动	第13~20周

（二）训练内容

1. 第1~4周训练内容

第1~4周训练内容见表3-3。

表 3-3　第 1~4 周训练内容

内容分类	具体内容	时间	运动负荷
准备活动	头部运动 肩部运动 站姿绕臀 腿部运动 躯干伸展运动	15 min	按顺序进行，每个动作20次/组，做2组
矫正训练	背肌力量训练： 基本背伸展 腹肌力量训练： 卷腹 仰卧屈膝抬腿 屈髋肌力量训练： 侧桥支撑 臀肌力量训练： 单腿后踢	30 min	按顺序进行，每个动作20次/组，做2组
拉伸放松	背阔肌拉伸 腰腹肌群拉伸： 腰部肌群动态拉伸 腹部肌群动态拉伸 腹侧肌群动态拉伸 下肢肌肉拉伸： 股后肌群拉伸 股前肌群拉伸 大腿内侧肌群拉伸 腘绳肌拉伸 髂腰肌拉伸	15 min	按顺序进行，每个动作做20次

2. 第 5~12 周训练内容

第 5~12 周训练内容见表 3-4。

表 3-4 第 5~12 周训练内容

内容分类	具体内容	时间	运动负荷
准备活动	头部运动 肩部运动 站姿绕臀 腿部运动 躯干伸展运动	15 min	按顺序进行，每个动作20次/组，做2组
矫正训练	背肌力量训练： 基本背伸展 腹肌力量训练： 卷腹 仰卧转髋 屈髋肌力量训练： 侧桥支撑 侧卧提腿 臀肌力量训练： 仰卧臀桥	30 min	按顺序进行，每个动作20次/组，做2组
拉伸放松	背阔肌拉伸 腰腹肌群拉伸： 腰部肌群动态拉伸 腹部肌群动态拉伸 腹侧肌群动态拉伸 下肢拉伸： 股后肌群拉伸 股前肌群拉伸 大腿内侧肌群拉伸 腘绳肌拉伸 髂腰肌拉伸	15 min	按顺序进行，每个动作做20次

3. 第 13~20 周训练内容

第 13~20 周训练内容见表 3-5。

表 3-5　第 13~20 周训练内容

内容分类	具体内容	时间	运动负荷
准备活动	头部运动 肩部运动 站姿绕臂 腿部运动 躯干伸展运动	15 min	按顺序进行，每个动作20次/组，做2组
矫正训练	背肌力量训练： 俯卧两头起 腹肌力量训练： 卷腹 弓形摇摆 屈髋肌力量训练： 仰卧抬腿 仰卧两头起 臀肌力量训练： 仰卧臀桥 俯卧异侧背起	30 min	按顺序进行，每个动作20次/组，做2组
拉伸放松	背阔肌拉伸 腰腹肌群拉伸： 腰部肌群动态拉伸 腹部肌群动态拉伸 腹侧肌群动态拉伸 下肢拉伸： 股后肌群拉伸 股前肌群拉伸 大腿内侧肌群拉伸 腘绳肌拉伸 髂腰肌拉伸	15 min	按顺序进行，每个动作做20次

第四章

下肢形态异常的评价及运动矫正方法

第一节 下肢的组成及功能

一、下肢骨

下肢骨包括下肢带骨和自由下肢骨两部分，左右对称。

下肢带骨即髋骨，幼年时由髂骨、坐骨和耻骨借软骨结合而成，在男生16岁以前、女生13岁以前，这三块骨开始借软骨汇合于髋臼，在男、女生16岁左右完全融合为一体，形成一块完整的髋骨。髂骨位于髋骨的上部，分为髂骨体和髂骨翼两部分；坐骨位于髋骨后下部，分为坐骨体和坐骨支两部分；耻骨位于髋骨的前下部，略成勺状，分为耻骨体、耻骨上支和耻骨下支三部分。左右髋骨与骶骨、尾骨连接成骨盆。

自由下肢骨包括股骨、髌骨、胫骨、腓骨和足骨。股骨是人体最粗、最结实的长骨，即大腿骨，约占身高的1/4，有一体两端。近端有朝向内上方呈球状的股骨头；股骨远端有两个向后的膨大并弯曲形成的内、外侧髁；股骨体略弓向前，上段呈圆柱形，中段呈三棱柱形，下段前后略扁。

髌骨是人体最大的籽骨，位于膝关节前面的股四头肌腱内，为三角形的扁骨，上缘宽阔为髌底，尖向下方为髌尖，前面粗糙，后面有光滑的关节面并与股骨的髌骨面相关节。髌骨可在体表摸到。

胫骨位于小腿内侧，为三棱柱状的粗大长骨，有一体两端，是支持体重的重要一环。胫骨近端粗大，向内、外侧凸出的部分为内、外侧髁；胫骨远端呈方形膨大，内侧向下的突起称为"内踝"；胫骨体的前缘、内侧缘较尖锐，可在体表摸到。

腓骨位于胫骨外侧后方，为细长的长骨，有一体两端，无承重功能。腓骨近端稍微膨大，称为"腓骨头"；远端外侧膨大，称为"外踝"。

足骨由跗骨、跖骨和趾骨三部分组成。跗骨位于足的后半部，不仅承重而且传递弹跳力量。每侧足有7块跗骨，分前、中、后3列。前列为内侧楔骨、中间楔骨、外侧楔骨及跟骨前方外侧的骰骨；中列为位于距骨前的足舟骨；后列包括前上方的距骨和后下方的跟骨。跖骨位于跗骨和趾骨之间，每侧足有5块跖骨，由内侧向外侧依次为第一跖骨至第五跖骨。趾骨位于足的前部，每侧足有14块趾骨，由近侧到远侧分别为近节趾骨、中节趾骨和远节趾骨。

二、下肢骨关节

下肢骨关节包括下肢带骨的关节和自由下肢骨的关节，以结构稳固为主要特征。下肢带骨的关节包括骶髂关节、髋骨与脊柱间的韧带连结和耻骨联合等。自由下肢骨的关节包括髋关节、膝关节、小腿骨连结和足的关节等。本节主要介绍自由下肢骨的关节。

（一）髋关节

髋关节由股骨近端的股骨头与髋骨的髋臼构成，股骨头较小，髋臼较深，关节囊厚且坚韧致密。纤维软骨构成的髋臼唇附着在髋臼周缘，以加深髋臼深度使关节更加稳固；关节囊周围韧带强劲有力，包括髂股韧带、耻股韧带、坐股韧带，以及关节囊内的股骨头韧带，从关节囊的多个方向加固关节，作用是限制大腿的过度运动以及营养股骨头。

髋关节为典型的球窝关节，大腿能够绕 3 个轴运动，即绕冠状轴做屈、伸运动，如向前、后踢腿；绕矢状轴做内收、外展运动，如向内、外侧踢腿；绕垂直轴做内旋、外旋运动，如直腿时足做内、外八字动作。此外，髋关节还可做环转运动。

（二）膝关节

膝关节由股骨远端内、外侧髁，髌骨和胫骨近端内、外侧髁构成，其结构上包括胫股关节和髌股关节，两者共同包绕在一个关节囊内，关节囊较薄且松弛，但很坚韧，关节腔较宽大。膝关节内、外有多种辅助结构，包括半月板、韧带、滑膜襞、滑膜囊。半月板位于关节面之间，内侧较大，呈 C 形，外侧较小，近似 O 形。半月板可加深关节窝深度，使关节面彼此适应，缓冲压力，吸收震荡，减少运动时的摩擦，增强关节稳定性，还可以增加关节的灵活性，平衡关节内压力，起到弹性缓冲的作用。内侧半月板损伤的机会较多。半月板不是固定不动的，可随着膝关节的运动而移动。膝关节周围有很多韧带，如髌韧带、胫侧副韧带、腓侧副韧带、腘斜韧带、前交叉韧带和后交叉韧带，它们从多个方向加固关节，限制关节过度运动。在髌骨下方中线两侧的滑膜襞含有脂肪组织，可填充关节内空隙，具有稳定关节、缓冲震荡及调节关节内压力的作用。膝关节周围还有很多滑膜囊，它们起到减少肌肉或肌腱与骨之间摩擦的作用。

膝关节为椭圆-滑车关节，可以围绕 2 个基本轴运动，主要以屈、伸运动为主，即大腿和小腿绕冠状轴均可做屈、伸运动，如正足背踢球；在膝关节半屈位时，因胫侧副韧带和腓侧副韧带松弛，小腿和大腿还可绕垂直轴做微小的回旋运动，如踢毽。

（三）小腿骨连结

小腿骨连结包括近端的胫腓关节、小腿骨间膜和远端的胫腓连结。由于结构的限制，胫骨与腓骨之间的活动度甚小。

（四）足的关节

足的关节包括踝关节、跗骨间关节、跗跖关节、跖骨间关节、跖趾关节和趾骨间关节等。

踝关节是小腿骨与足骨的连结，由胫骨的下关节面、内踝关节面和腓骨的外踝关节面共同形成一个叉形的关节窝，由距骨的上面和内、外踝关节面共同形成关节头。踝关节的关节囊前、后薄而松弛，两侧厚且较紧张。踝关节的两侧有韧带加固，位于踝关节内侧的三角韧带，有限制足过度外翻及过伸的功能。距腓前韧带、跟腓韧带和距腓后韧带分别从踝关节外侧的前、中、后部加固踝关节，防止小腿骨移位和限制足过度内翻。踝关节属滑车关节，足和小腿均可围绕其冠状轴做屈、伸运动。

跗骨间关节有多个，其中距下关节由距跟关节和距跟舟关节组成。距跟关节由距骨的后跟关节面和跟骨的后距关节面连结而成，距跟舟关节则是由距骨、跟骨及足舟骨相对应的关节面连结而成，二者在功能上是联合关节，可以使足绕一个不典型的斜矢状轴做内翻（足内侧缘提起、外侧缘下降，足底转向内侧）和外翻（足外侧缘提起、内侧缘下降，足底转向外下方）运动。因此，从机能角度出发，可将踝关节和距下关节合称为"足关节"，当二者联合运动时，足围绕足关节可做屈、伸和内翻、外翻运动，通常表现为踝关节屈时伴有足内翻，踝关节伸时伴有足外翻，此外足还可以完成环转运动。

跗跖关节由3块楔骨和骰骨的前端与5个跖骨底构成，属平面关节，可有微小活动。

跖骨间关节由第二至五跖骨底的毗邻面构成，属平面关节，活动甚微。

跖趾关节由跖骨头与近节趾骨底构成，可做轻微的屈、伸与内收、外展运动。

趾骨间关节由各趾相邻的两节趾骨的底与滑车构成，可做屈、伸运动。

　　足弓是由跗骨、跖骨以及韧带和肌腱共同组成的一个向上凸的弓形结构。足弓可分为内侧纵弓、外侧纵弓和横弓。内侧纵弓由跟骨、距骨、足舟骨、3块楔骨和3块内侧跖骨组成，其曲度大、弹性较大，缓冲能力强，又称"弹性足弓"；外侧纵弓由跟骨、骰骨和2块外侧跖骨构成，其运动幅度非常有限，曲度小、弹性较小，主要作用是支持体重和传递重力与反作用力，又称"支撑足弓"；横弓由骰骨和3块楔骨组成，呈半穹窿形，当两足并拢时，此弓更完整。足弓可以保证人体直立时支撑的稳定性，且具有弹性，可以缓冲走、跑及跳跃时的震动，减少地面对身体的冲击。同时，足弓还可保护足底的血管、神经，使其免受压迫。

足弓的维持除了依靠各骨的连结之外，足底的韧带（跟舟足底韧带、跟骰足底韧带和足底长韧带等）以及足的长短肌腱都有加强足弓的作用。如果维持足弓的组织出现过度劳损，足骨、足底的韧带或肌肉发育异常，足部骨折等损伤康复不良，均可使足弓塌陷，形成扁平足。

三、下肢肌

下肢肌可分为下肢带肌、大腿肌、小腿肌和足肌，具有维持人体直立姿势、负重和行走等功能。

下肢带肌又称"盆带肌"，主要起自骨盆，跨过髋关节，止于股骨上部，按其所在的部位和功能分为前、后两群。前群主要包括髂腰肌和梨状肌；后群主要包括臀大肌、臀中肌和臀小肌等。

大腿肌分布在股骨周围，主要作用于髋关节和膝关节，分为前外侧群、后群和内侧群。前外侧群主要包括股四头肌、缝匠肌和阔筋膜张肌；后群主要包括股二头肌、半腱肌和半膜肌；内侧群主要包括耻骨肌、长收肌、短收肌、股薄肌和大收肌。

小腿肌分布在胫骨和腓骨周围，分为前群、后群和外侧群。前群包括胫骨前肌、踇长伸肌和趾长伸肌；后群包括小腿三头肌、趾长屈肌、踇长屈肌和胫骨后肌；外侧群包括腓骨长肌和腓骨短肌。

足肌可分为足背肌和足底肌。足背肌较弱小，足底肌分为内侧群、外侧群和中间群，二者的主要功能是协同维持足弓。

第二节　下肢形态异常的概述

一、下肢形态异常的种类

下肢形态异常包括腿形异常和足部异常。

(一) 腿形异常

腿形异常是指腿部的结构或形态出现异常，主要包括膝内翻、膝外翻和下肢不等长。

膝内翻：又称"O 型腿""罗圈腿"，指两下肢自然伸直或站立时，两足内踝相接触，而两膝内缘不能并拢的现象。一般以常态膝距和主动膝距作为判断标准。常态膝距是指受试者两足内踝并拢，下肢自然站立时，双膝内侧存在的距离。主动膝距是指受试者站立时两足内踝并拢，腿和膝关节用力向内并拢，双膝内侧存在的距离。只有一条腿呈膝内翻姿态称为"D 型腿"，也是膝内翻的一种。

膝外翻：又称"X 型腿"，指两下肢自然伸直或站立时，双膝可并拢，但两小腿内侧及两足内踝不能互相接触的现象。只有一条腿呈膝外翻姿态，称为"K 型腿"，也是膝外翻中的一种。

儿童的生理性膝外翻是一个动态的演变过程，7 岁之前儿童出现的异常腿形多为生理性的，会随年龄增长而改善，可以在其成长发育过程中得到自发的矫正。儿童在 8 岁后出现的异常腿形多为病理性的。膝内翻常使膝关节外移、股骨外旋，基于代偿等方面的原因，胫骨常相对于股骨及膝关节内旋。膝内翻人群髋关节内收肌无力，外展肌、外旋肌过度紧张。膝外翻则是膝关节内移、股骨内旋并伴有胫骨外旋。膝关节过度外旋和外翻，引起 Q 角增大，髋关节外展肌无力，髋关节内收肌过度紧张，导致髋关节内旋和内收。

下肢不等长：又称"长短腿"，分为结构性不等长和功能性不等长。结构性不等长指单侧下肢骨骼结构上的缩短，有的发生在股骨段，有的发生在胫骨段，或者股骨和胫骨相比健侧均有缩短，很多患者同时伴有患侧肢体偏细、足偏小。功能性不等长是指两侧下肢骨绝对长度相同，但是站立时身体歪斜，走路或跑步时肢体两侧也不对称，这多是由肌肉力量不均衡导致的骨盆倾斜、脊柱侧弯等造成的。

（二）足部异常

足部异常是指足的结构或形态出现异常，主要包括足内翻、足外翻和不正常足弓（即扁平足、高弓足）。

足内翻：也称"足旋后"，指足在矢状轴上发生旋转，足内侧抬高、外侧降低，严重者甚至足背外侧着地，是人体常见的足部畸形。足内翻可能在单足或双足发生。足内翻时跟舟骰关节呈半脱位状态，使足处于一种内收、旋后、内翻的姿势，常伴有高弓足。

足外翻：也称"足旋前"，指足跟骨轴向外侧偏移，足外侧缘抬高，内侧缘降低，呈足底朝外的趋势，常伴有扁平足和舟骨塌陷。

不正常足弓：根据足底与地面接触面积的大小，可分为扁平足及高弓足。

二、下肢形态异常的原因

(一) 膝内翻、膝外翻的常见原因

1. 遗传因素

父母一方患有膝内翻、膝外翻。遗传性的致病基因导致胶原、软骨等结缔组织形成障碍，影响骨的形成或发育，最终表现为骨骼生长和形态的异常。

2. 疾病因素

以佝偻病为代表的影响内分泌及代谢的疾病会导致下肢形态异常。脊髓灰质炎后遗症、脑瘫后遗症、神经肌肉损伤等会引起内翻肌群的痉挛或外翻肌群的松弛，长期不平衡的肌肉力量会造成骨骼的畸形发育。

3. 外伤因素

骨创伤如外侧半月板损伤、胫骨平台骨折塌陷、胫骨髁间骨折和累及膝关节的骨折，若恢复不良，都会在后期导致膝关节畸形。

4. 其他因素

如果幼儿过早下地行走，过早或者过多地负重，都会导致关节变形，从而引发膝关节畸形。另外，骨盆前倾、长期姿势不良、体重过大、负重用力或不规范地进行体育运动，都会对下肢产生慢性损伤，导致膝内翻、膝外翻。

(二) 下肢不等长的常见原因

1. 先天发育异常

下肢骨干发育不全、遗传性疾病等原因可致下肢不等长。先天性胫骨假关节、先天性胫骨弯曲症、半肢畸形、先天性腓骨或胫骨缺失等，

都是导致下肢不等长的典型原因。

2. 外伤因素

幼儿时摔倒等原因造成的骨骺损伤，可使单侧或双侧下肢的发育异常；外伤后固定不佳出现畸形愈合，或于胫骨中下段骨折等血运不佳处发生骨折，患肢会出现短缩；外源性的刺激，如手术、各种硬化剂的注射、放射治疗等，或者软组织挛缩、生长板受损，都会使患肢变短，造成下肢不等长。

髋关节扭伤、外伤、外源性刺激、臀肌挛缩或脊柱侧弯导致的骨盆倾斜，使两侧髋骨高低不平，导致功能性下肢不等长。

3. 身体姿态不正确、生活习惯不良、运动不足

青少年由于长时间身体姿势不正确、生活习惯不良、运动不足也会出现下肢不等长的情况。

(三) 足内翻、足外翻的常见原因

足内翻、足外翻是一种由足部肌腱发育异常引起的畸形。足外翻表现为足外翻肌（腓骨长肌、腓骨短肌和第三腓骨肌）太强，同时足内翻肌（踇长屈肌、胫骨前肌和胫骨后肌）太弱，导致内侧纵弓支撑韧带功能受损，距下关节活动过度。足内翻表现与此相反。

1. 遗传因素

受遗传因素影响，踝关节周围骨骼、肌肉、神经等发育异常，从而产生先天性马蹄内翻足，或者先天性仰趾外翻足。

2. 疾病因素

佝偻病的发生会影响踝关节干骺端的发育，导致踝关节肿大畸形，从而引起足内翻或者足外翻；脑瘫患儿的中枢神经损伤，其小腿肌肉由

于失去中枢神经的控制，导致肌张力改变，进而导致踝关节稳定性变差，使患儿出现足内翻或者足外翻；各种炎症，尤其是类风湿，易造成关节损伤，导致足内翻或者足外翻。

3. 外伤因素

腿部外伤可以使腓骨长肌等足外翻肌的肌肉力量改变，或使足内翻肌的肌肉力量改变，造成肌肉力量不平衡，从而引起足内翻或者足外翻。

4. 其他因素

不良的生活习惯、长期身体姿势不正确，可以导致踝功能发育障碍，从而引起足内翻或者足外翻，如穿鞋不当、长时间站立或行走、负重过度等。

此外，足内翻还与足部关节的支撑韧带功能过强、帮助支持足弓的内在肌肉过于发达、距下关节活动度不足、足部的不当使用等因素有关。足外翻还与足部关节的支撑韧带功能受损、帮助支持足弓的内在肌肉无力、距下关节活动过度、足部的不当使用等因素有关，同时会受到膝、髋、躯干的影响。

（四）不正常足弓的常见原因

幼儿都是扁平足，随着运动不断增多，直到6~8岁，足弓才会逐渐形成，8岁之前儿童的扁平足也叫"生理性扁平足"。8岁之后儿童的扁平足则是功能性的，需要进行矫正。

1. 遗传因素

如果父母双方中的一方患有扁平足，就可能遗传给子女，甚至可能有遗传性的足部畸形，如足舟骨畸形。

2. 疾病因素

类风湿性关节炎，骨关节结核，神经肌肉病变，如脑瘫、脊髓灰质炎等，使足内外的肌肉力量失衡，导致扁平足后遗症。

3. 外伤因素

外伤或医源性的损伤导致骨骼、韧带损伤，形成扁平足。

4. 其他因素

生长发育时期穿鞋不当，儿童时期各种动作行为（如走、跑、跳等）不当，体重过重、长期负重、站立过多等，都可能导致足弓的骨骼、韧带损伤，形成扁平足。

影响足弓的不仅仅是足部的骨骼、肌肉、肌腱的发育水平，与下肢的骨骼形态也有很大关系。股骨内旋会导致足跟外翻，从而形成内八字足，这是形成扁平足的主要原因之一。

三、下肢形态异常的危害

（一）膝内翻、膝外翻的危害

膝内翻、膝外翻主要会产生以下危害。

1. 步态异常

有研究显示，膝内翻、膝外翻人群在冠状面和水平面存在相当大的步态偏差，包括膝关节冠状面力矩的改变、膝关节外旋角度的减小和髋关节外旋角度的增加，并且膝关节矢状面运动范围、膝关节矢状面力矩、垂直方向的反作用力均减小，进而导致了异常的步态及运动模式。

2. 胫骨平台老化、髌骨软化、骨性关节炎

正常膝关节的压力会平均分布在关节面上，而膝内翻、膝外翻人

群，下肢解剖结构的生物力线向内（膝内翻）或向外（膝内翻）偏移；关节面载荷过大会导致内、外软骨面磨损加剧，使胫骨平台老化和塌陷；髌骨及股骨之间的摩擦增多，易导致髌骨软化；内、外侧张力的异常，导致膝关节的稳定性降低，加大了内、外侧副韧带损伤的可能性，内、外侧半月板也可能被压缩而受伤，继发疼痛和骨性关节炎，影响正常的行走活动。

3. 对心理健康的影响

腿形异常影响形体美观，因此，青少年容易产生自卑心理。

4. 导致下肢产生多种问题

膝内翻、膝外翻会导致下肢产生如扁平足、足外翻、髌骨不稳、胫骨扭转等不良姿势，甚至导致髋关节异常活动模式的增加，使得下肢在运动过程中受伤的风险相对增大。

（二）下肢不等长的危害

功能性下肢不等长导致骨盆在冠状面上的倾斜，从而导致身体姿态变形、步态异常，继发脊柱侧弯、骨盆倾斜、膝关节屈曲和蜷缩、跟腱挛缩、腰痛、关节过度磨损、患侧肢体肌肉骨骼发育不对称，甚至出现器官的位置改变及功能受限，还会导致膝关节半月板损伤、踝关节软骨损伤等。另外，下肢不等长还是脊柱侧弯的第二大原因，是功能性脊柱侧弯的主因，两者相互影响，愈发加重病情。

（三）足内翻、足外翻的危害

足内翻、足外翻主要会产生以下危害。

1. 影响形体及走路姿势的美观，运动能力受限

足内翻者在通常情况下走路会出现膝内翻；足外翻者在通常情况下

走路会出现膝外翻，附带扁平足，且由于大腿内侧肌肉相对于腿外展肌强大，股骨容易内旋，股骨大转子朝外侧凸出，形成假髋。

2. 影响平衡性和稳定性

足内翻、足外翻会导致相关肌群的过度紧张短缩，或者松弛拉长，破坏整个足部平衡，进而直接影响身体平衡。

3. 诱发骨性关节炎

长期足内翻、足外翻会造成下肢力线发生内移（足内翻）或外移（足外翻），导致足部着力点减少、着力面积减小，同时引发膝关节和髋关节受力不平衡，长此以往会导致关节局部磨损，逐渐引发疼痛，产生局部的创伤性或退行性关节炎。足外翻还会增加踇外翻、趾重叠的风险。

4. 足底疼痛

长期足内翻、足外翻会引起足底受力不平衡，引发足底疼痛。足外翻使内侧纵弓压力增加，导致扁平足加重，足部缓冲和支持功能变差，出现足底筋膜炎症状，导致疼痛。

5. 增加踝关节扭伤概率

足内翻会增大踝关节外侧张力，以及脚踝内侧的压力，足外翻则与此相反，但两者都增加踝关节扭伤概率。

（四）不正常足弓的危害

1. 扁平足的危害

（1）扁平足的足弓缺乏弹性、柔韧性差，缓冲功能减弱，足部容易疲劳或疼痛，影响站立、行走和运动能力。

（2）扁平足患者站立、行走或运动时间过长，足弓部位易出现慢性炎症，甚至影响脊柱的生理弯曲，可表现为腰部疼痛，严重时可出现脊柱侧弯。在运动时，扁平足患者足弓以上的骨骼、关节容易受到损伤，长期可导致关节发生退行性变，还会诱发关节炎甚至骨折。

（3）患扁平足时间过长，可能会引发并发症，如膝外翻、骨盆倾斜、蹬外翻等。由于扁平足易引起胫骨内旋，进而导致踝、膝、髋及背部骨骼位置失准，使相关肌肉、韧带、肌腱承受额外的压力和负荷，使身体产生代偿，这意味着关节和软组织会因超出承受范围的压力和负荷而产生疼痛或不适，并且可以继发足舟骨结节向内侧突出以及腓骨肌疼痛僵直，严重影响正常生活和学习。

2. 高弓足的危害

（1）高弓足患者在走路或者体育锻炼时，足底筋膜受力或者受牵拉的力量较大，很容易出现慢性撕裂伤，从而导致局部的慢性无菌性炎症，出现足底筋膜炎的症状。

（2）高弓足会导致足部的距骨或者跗骨的关节出现慢性损伤，如果炎症比较严重，还会导致足部的肿胀、皮肤潮红、皮肤温度升高等红、肿、热、痛的症状。

（3）高弓足会造成足部持续的疼痛——没有负重活动的时候也会表现为脚心或者脚背某处有持续的疼痛；而在负重活动的过程中，相关的神经或者肌腱可能会受到压迫和刺激，继而诱发更加明显的疼痛。

（4）足弓过高有可能诱发足趾的相关畸形，也有可能使足部变得特别短。

（5）高弓足患者在站立或是走路的时候会因肌腱过短、拉力不平均而感到内侧纵弓筋膜疼痛，容易出现踝关节扭伤现象。

（6）高弓足常伴有足内翻，并会使胫骨外旋，股骨外旋、外展，臀大肌、腿外展肌过紧，导致骨盆向后倾斜，继而为维持身体平衡，胸椎向前伸，出现驼背等现象，严重时可能引发脊柱侧弯等病症。

第三节　下肢形态异常的评价方法

一、膝内翻、膝外翻的评价方法

1. 直观法

膝内翻的受试者以双下肢自然伸直或站立时，两足内踝可以相互接触，但双膝内侧不能靠拢。

膝外翻的受试者以双下肢自然站立时，双膝可并拢，但小腿内侧及两足内踝分离而不能互相接触。

2. 体格检查

测量受试者双下肢自然站立时两膝之间的距离，间距小于 1.5 cm 为正常，1.5~<3 cm 为轻度膝内翻，3~<6 cm 为中度膝内翻，6 cm 及以上为重度膝内翻。测量受试者双下肢自然站立时两踝之间的距离，间距小于1.5 cm为正常，1.5~<3 cm 为轻度膝外翻，3~<10 cm 为中度膝外翻，10cm 及以上为重度膝外翻。

股骨体长轴线与胫骨长轴线在膝关节处相交且向外的夹角，正常约为170°，其补角为膝外翻角。膝外翻角若大于10°，为膝外翻，若小于10°为膝内翻。

Q 角是指在伸膝位上测量的髌骨的中心点和髂前上棘的连线，与髌骨中心点和胫骨结节最高点连线形成的夹角。其正常值为 15°±5°，膝内翻会使 Q 角减小，膝外翻会使 Q 角增加。

3. 影像学检查

拍摄受试者站立时双下肢前后位的 X 射线摄影片，包括髋、膝、踝三个关节。拍摄时受试者的双侧髌骨朝向正前方，以评估膝内翻、膝外翻的情况。骨骼发育不良的受试者，如果软骨的骨骺明显没有骨化，可能需要进行磁共振成像检查。

二、下肢不等长的评价方法

1. 直观法

观察下肢是否对称，是否存在骨盆倾斜。

2. 体格检查

测量髂前上棘至内踝之间的距离，或者测量股骨大转子与内踝或外踝尖端之间的距离，比较两侧下肢长度，以判断是否存在结构性下肢不等长。

受试者仰卧，如果通过测量发现，肚脐至双侧内踝的距离不等长，而髂前上棘至内踝尖的距离相等，则存在功能性下肢不等长。

3. 影像学检查

拍摄双下肢站立位全长 X 射线摄影片，保证髌骨朝前和骨盆水平位。通过对 X 射线摄影片的测量，可知晓双下肢的长度和双下肢的机械轴线，从而确定不等长的具体部位。

三、足内翻、足外翻的评价方法

1. 直观法

可根据站立、行走的姿态进行诊断，也可根据鞋底磨损情况辨别。

足内翻患者穿的鞋是脚跟外侧、前脚掌外侧易磨损，足外翻患者穿的鞋是脚跟内侧、前脚掌内侧易磨损。

2. 体格检查

根据足部的外观进行检查，人们患上此病后，会出现足部畸形。

3. 影像学检查

根据 X 射线摄影片进行诊断，在站立位（最好是负重侧位）下进行 X 射线摄影，通过其影片可了解距跟角、距骨下侧角、足弓等情况。

四、不正常足弓的评价方法

1. 足印法

通过不同方式（赤足沾水或沾墨站于白纸、干燥地面或透明玻璃板上）获得足底印记，观测其印记特征。若前足和后足的印记断开，为高弓足；若前足和后足的印记连在一起，但未超过足中趾与跟骨连线，为正常足弓，若超过则为扁平足。也可根据足印空白区与足印最窄区的宽度比例进行评价，其比例为 2∶1 为正常足，1∶1 为轻度扁平足，1∶2 为中度扁平足，重度扁平足的足印无空白区，高弓足的足印区中断。

2. X 射线摄影检查

足的侧位 X 射线摄影片能够非常好地显示足弓结构，测量足弓的角度可以明确诊断。

内弓角：由跟骨的最低点至距骨头的最低点做一直线，再由距骨头的最低点至第一跖骨头最低点做一直线，两线形成的夹角为内弓角。其正常值为 113°~130°。

外弓角：由跟骨最低点至跟骰关节最低点做一直线，再由跟骰关节最低点至第五跖骨头最低点做一直线，两线形成的夹角为外弓角。其正常值为 130°~150°。

前弓角：由第一跖跗关节最低点至第一跖骨头最低点做一直线，再由第一跖骨头最低点至跟骨最低点做一直线，两线形成的夹角为前弓角。其正常值为大于 13°。

后弓角：由跟骰关节最低点至跟骨最低点做一直线，再由跟骨最低点至第五跖骨头最低点做一直线，两线形成的夹角为后弓角。其正常值为大于 16°。

3. 计算机体层成像检查

计算机体层成像能从多角度提供足弓角。足弓角为足底到足背的弧度角度，即脚底部的凸起部分与地面的夹角。对于用 X 射线摄影片诊断存在疑虑的患者可以利用计算机体层成像检查明确诊断。

4. 磁共振成像及超声检查

如果猜测扁平足是由软组织、肌腱损伤导致的，可以做磁共振成像及超声检查明确诊断。

五、使用 Body Style 形体姿态测试仪

对于下肢形态异常的测量，可使用 Body Style 形体姿态测试仪（Model. S-8.0）进行，选用的指标分别为下肢不等长、足内翻、足外翻、膝内翻、膝外翻。

表 4-1 为 Body Style 形体姿态测试仪测试标准，为下肢形态的评价提供了依据。

表 4-1　Body Style 形体姿态测试仪测试标准（下肢形态异常）

姿势类型	正常范围	运动干预范围	专家咨询范围
腿部弯曲程度	$-1°≤θ<3°$	$3°≤θ<5°$（膝内翻） $-3°≤θ<-1°$（膝外翻）	$θ≥5°$（膝内翻） $θ<-3°$（膝外翻）
双腿长度差异	不到 1 cm	1 cm 及以上，不到 2 cm	2 cm 及以上
足部内外翻	$-2°≤θ<2°$	$2°≤θ<5°$（足内翻） $-5°≤θ<-2°$（足外翻）	$θ≥5°$（足内翻） $θ<-5°$（足外翻）

注：$θ$ 为测量角度。

第四节　下肢形态异常的预防及运动矫正方法

一、下肢形态异常的预防

1. 合理膳食

合理膳食，营养均衡，促进青少年肌肉骨骼的正常生长发育。

2. 适当运动

适当参加户外运动，多晒太阳，有助于钙质的吸收；适当运动，能够促进肌肉、骨骼的发育，增强体质。

3. 保持正确的姿势

坐、站、走以及运动时尽量保持正确的姿势。青少年时期正处于生长发育的过程中，如果身体姿态长期不正确会导致下肢形态异常。

4. 控制体重

体重过大会使正处于生长发育的骨、关节过度负重和劳累，容易造成下肢形态异常。

5. 穿着合适的鞋子

青少年应穿着适合脚形的、宽松的、鞋底具有防震功能的、较为舒适的鞋子。

6. 定期进行体检筛查

学校可开展常规的、专业的下肢形态异常的体检筛查，这有助于早期发现青少年的下肢形态异常，使其及时转诊与尽早矫治。或指导学校校医、教师及家长进行长期监测，必要时可在专业医护人员的指导下利用一些矫正训练或使用辅助器具维持青少年的正常姿态。

二、下肢形态异常的运动矫正方法

人体运动系统由骨、骨连结和骨骼肌组合而成，彼此之间互相影响，某一环节出现异常，往往会导致其他环节的异常。例如，下肢形态异常会随着力线的改变破坏骨盆、脊柱、肩关节等的正常压力分布。下肢形态异常常出现以下两种模式。

模式1：骨盆前倾，髋关节内收、内旋，股骨内旋，膝外翻，胫骨外旋，足外翻，扁平足。

模式2：骨盆前倾，髋关节外展、外旋，股骨外旋，膝内翻，胫骨内旋，足内翻，高弓足。

本研究针对以上两种模式设计了两种运动矫正训练方案。

（一）运动矫正训练方案

下肢形态异常的运动矫正训练方案及其整体安排见表4-2和表4-3。

表 4-2 下肢形态异常的运动矫正训练方案

要素	内容
训练内容	拉伸松解性练习、力量训练
运动强度	中等强度，最大心率的 60%~85%（最大心率=220-年龄）
运动时间	每次 60 min，其中准备活动 10 min、矫正训练 40 min、拉伸放松 10 min
运动频率	每周 3~6 次
注意事项	注意训练安全问题，根据个体状况调整运动强度

表 4-3 下肢形态异常的运动矫正训练整体安排

阶段	主要活动	时间安排
一	基础训练活动	第 1~4 周
二	加强训练活动	第 5~12 周
三	巩固训练活动	第 13~20 周

（二）训练内容

1. 模式 1 训练内容

（1）模式 1 第 1~4 周训练内容见表 4-4。

表 4-4 模式 1 第 1~4 周训练内容

内容分类	具体内容	时间	运动负荷
准备活动	肩部运动 躯干侧伸展运动 腿部运动 脚踝运动	10 min	每个动作 20 次/组，做 3 组

续表

内容分类	具体内容	时间	运动负荷
矫正训练	拉伸松解性练习： 髂胫束泡沫轴放松 阔筋膜张肌牵拉 大腿内收肌牵拉 股二头肌泡沫轴放松 腘绳肌牵拉 腓骨长、短肌牵拉 足底按摩球放松	40 min	每个动作持续 30 s 为 1 组，做 3 组，两侧交替练习
	力量训练： 臀桥 蚌式开合 螃蟹步 站立外侧提踵 弹力带雨刷练习 抓毛巾 肘膝平板支撑		除臀桥、肘膝平板支撑外，每个动作 20 次/组，做 3 组；臀桥、肘膝平板支撑每个动作持续 30 s 为 1 组，做 3 组
拉伸放松	臀肌拉伸 梨状肌拉伸 胫骨前肌拉伸 小腿三头肌拉伸 腹肌拉伸	10 min	每个动作持续 30 s 为 1 组，做 3 组，两侧交替练习

（2）模式 1 第 5~12 周训练内容见表 4-5。

表 4-5　模式 1 第 5~12 周训练内容

内容分类	具体内容	时间	运动负荷
准备活动	肩部运动 躯干侧伸展运动 腿部运动 脚踝运动 有氧运动	10 min	每个动作 20 次/组，做 3 组

续表

内容分类	具体内容	时间	运动负荷
矫正训练	拉伸松解性练习： 阔筋膜张肌牵拉 大腿内收肌牵拉 股二头肌泡沫轴放松 腘绳肌牵拉 腓骨长、短肌牵拉 足底按摩球放松 髂腰肌牵拉	40 min	每个动作持续 30 s 为 1 组，做 3 组，两侧交替练习
	力量训练： 臀桥抗阻（进阶） 弹力带蚌式开合 弹力带螃蟹步 髋外旋训练 站立外侧提踵 弹力带雨刷练习 抓毛巾 平板支撑		除臀桥抗阻（进阶）、平板支撑外，每个动作 20 次/组，做 3 组；臀桥抗阻（进阶）、平板支撑每个动作持续 30 s 为 1 组，做 3 组
拉伸放松	臀肌拉伸 梨状肌拉伸 胫骨前肌拉伸 小腿三头肌拉伸 腹肌拉伸	10 min	每个动作持续 30 s 为 1 组，做 3 组，两侧交替练习

（3）模式 1 第 13~20 周训练内容见表 4-6。

表 4-6　模式 1 第 13~20 周训练内容

内容分类	具体内容	时间	运动负荷
准备活动	头部运动 肩部运动 躯干侧伸展运动 腿部运动 脚踝运动	10 min	每个动作 20 次/组，做 3 组

续表

内容分类	具体内容	时间	运动负荷
矫正训练	拉伸松解性练习： 腰背肌牵拉 髂腰肌牵拉 股四头肌牵拉 大腿内收肌牵拉 腘绳肌牵拉 腓骨长、短肌牵拉 足底按摩球放松 髂腰肌牵拉 股四头肌牵拉 婴儿式	40 min	每个动作持续30 s为一组，做3组，除婴儿式外均为两侧交替练习
	力量训练： 弹力带蚌式开合 站立髋外展 抓毛巾 骨盆后缩 死虫式 平板支撑 猫式伸展		除平板支撑、猫式伸展外，每个动作20次/组，做3组，前三项为两侧交替练习；平板支撑、猫式伸展每个动作持续30 s为一组，做3组
拉伸放松	梨状肌拉伸 腹肌拉伸 髂腰肌拉伸 足底按摩球放松	10 min	每个动作持续30 s为一组，做3组，除腹肌拉伸外均为两侧交替练习

2. 模式2训练内容

（1）模式2第1~4周训练内容见表4-7。

表4-7　模式2第1~4周训练内容

内容分类	具体内容	时间	运动负荷
准备活动	肩部运动 躯干侧伸展运动 腿部运动 脚踝运动	10 min	每个动作20次/组，做3组
矫正训练	拉伸松解性练习： 髂胫束泡沫轴放松 阔筋膜张肌牵拉 梨状肌牵拉 臀肌牵拉 股四头肌牵拉 小腿三头肌牵拉	40 min	每个动作持续30 s为一组，做3组，两侧交替练习
	力量训练： 臀桥 侧卧腿内收 膝内夹球蹲起 直腿弹力带髋内收 髋内旋训练 肘膝平板支撑		臀桥、肘膝平板支撑每个动作持续30 s为一组，做3组；侧卧腿内收、膝内夹球蹲起、直腿弹力带髋内收、髋内旋训练，每个动作20次/组，做3组，除膝内夹球蹲起外，均为两侧交替练习
拉伸放松	臀肌拉伸 大腿内收肌拉伸 腘绳肌拉伸 腹肌拉伸 髂胫束泡沫轴放松	10 min	每个动作持续30 s为一组，做3组，除腹肌拉伸外均为两侧交替练习

（2）模式 2 第 5~12 周训练内容见表 4-8。

表 4-8 模式 2 第 5~12 周训练内容

内容分类	具体内容	时间	运动负荷
准备活动	肩部运动 躯干侧伸展运动 腿部运动 脚踝运动 有氧运动	10 min	每个动作 20 次/组，做 3 组
矫正训练	拉伸松解性练习： 阔筋膜张肌牵拉 梨状肌牵拉 股四头肌牵拉 小腿三头肌牵拉 髂腰肌牵拉 婴儿式	40 min	每个动作持续 30 s 为一组，做 3 组，除婴儿式外均为两侧交替练习
	力量训练： 臀桥抗阻（进阶） 侧卧腿抗阻内收 膝内夹球蹲起 直腿弹力带髋内收 髋内旋训练 平板支撑		臀桥抗阻（进阶）、平板支撑每个动作持续 30 s 为一组，做 3 组；侧卧腿抗阻内收、膝内夹球蹲起、直腿弹力带髋内收、髋内旋训练，每个动作 20 次/组，做 3 组，除膝内夹球蹲起外，均为两侧交替练习
拉伸放松	臀肌拉伸 内收肌拉伸 腘绳肌拉伸 腹肌拉伸 髂胫束泡沫轴放松	10 min	每个动作持续 30 s 为一组，做 3 组，除腹肌拉伸外均为两侧交替练习

（3）模式 2 第 13~20 周训练内容见表 4-9。

表 4-9 模式 2 第 13~20 周训练内容

内容分类	具体内容	时间	运动负荷
准备活动	头部运动 肩部运动 躯干侧伸展运动 腿部运动 脚踝运动	10 min	每个动作 20 次/组，做 3 组
矫正训练	拉伸松解性练习： 阔筋膜张肌牵拉 臀肌牵拉 股四头肌牵拉 腘绳肌牵拉 小腿三头肌牵拉 腹肌拉伸 竖脊肌拉伸	40 min	每个动作持续 30 s 为一组，做 3 组，除腹肌拉伸和竖脊肌拉伸外均为两侧交替练习
	力量训练： 臀桥抗阻（进阶） 侧卧位抬腿抗阻 膝内夹球蹲起 髋内旋抗阻训练 仰卧举腿训练 死虫式 猫式伸展		除臀桥抗阻（进阶）、猫式伸展外，每个动作 20 次/组，做 3 组，侧卧位抬腿抗阻、髋内旋抗阻训练为两侧交替练习；臀桥抗阻（进阶）、猫式伸展每个动作持续 30 s 为一组，做 3 组
拉伸放松	臀肌拉伸 大腿内收肌拉伸 股四头肌拉伸 髂腰肌拉伸 腹肌拉伸	10 min	每个动作持续 30 s 为一组，做 3 组，除腹肌拉伸外均为两侧交替练习

第五章

综合运动矫正方法——体姿矫正操

体姿矫正操是以北京市青少年形体体质健康课题干预实验的青少年形体健康练习组合系列为蓝本创编的体操。它根据青少年生长发育的一般规律，从基本姿态、柔韧性、平衡性、协调性、力量、肌肉拉伸6个方面创编了24个练习组合。

第一节　体姿矫正操的运动负荷与内容

一、体姿矫正操的运动负荷

心率监测是体育卫生监督与运动负荷评价的一个重要的内容，也是评价运动负荷的最常见的指标。靶心率是反映人体生理状态且能够量化的指标。在运动监控的过程中，靶心率可以监控运动强度。国家卫生标准也将心率作为中小学生体育锻炼运动负荷评价的重要标准。在进行体姿矫正操练习时，心率120~150次/min，为青少年可承受的范围。

二、体姿矫正操的内容

体姿矫正操的具体内容见表 5-1。

表 5-1 体姿矫正操的具体内容

组合	组别	练习目的
基本姿态练习	初级组合	保持脊柱的正常形态，使脊柱承受均匀的压力，降低脊柱变形的可能性，使整个身体和各主要部位的姿态得以改善
	高级组合	
柔韧性练习	肩部柔韧性徒手、器械练习	改善肌肉、韧带的延展性，使肌肉富有弹性
	脊柱柔韧性练习	
	髋部柔韧性练习一、二	
平衡性练习	初级组合	提高青少年的平衡能力，使其维持正确的身体姿态，促进其各项运动技能的发展
	中级组合	
	高级组合	
协调性练习	初级组合	增强青少年身体各部位的灵活性和协调性，增强其反应能力，集中其注意力
	高级组合	
力量练习	上肢力量练习	使青少年维持正确的身体姿态，增强体质，改善因肌肉力量的不对称或缺乏导致的不良身体姿态的问题
	核心力量基础、强化练习	
	下肢力量初、中、高级练习	

续表

组合	组别	练习目的
肌肉拉伸练习	胸部肌群拉伸 腰部肌群拉伸 臀部肌群拉伸 大腿前侧肌群拉伸 大腿后侧肌群拉伸 小腿后侧肌群拉伸	在运动前进行肌肉的伸展，可以提高神经系统的兴奋性，加速血液的流动，同时降低结缔组织的硬度，预防运动损伤。在运动后进行肌肉伸展，可以舒缓疲劳，减少因乳酸堆积产生的肌肉酸痛，塑造良好的肌肉形态

第二节　基本姿态练习

一、初级组合动作

1. 第1个8拍

1~2拍：左脚向左迈步，双臂侧平举；右脚向左脚靠拢，双臂由侧平举变为屈臂侧平举。

3~4拍：屈膝，左前臂上举。

5~8拍：动作与1~4拍相同，方向相反。

2. 第2个8拍

动作与第1个8拍相同。

3. 第3个8拍

1~2拍：踏步，双臂屈臂侧平举。

93

3~4拍：踏步，双臂侧平举。

5~6拍：踏步，双手握手屈臂置于胸前。

7拍：踏步，双臂上举。

8拍：停止踏步，提踵，同时双臂经体侧放下。

4. 第4个8拍

动作与第3个8拍相同，方向相反。

注意事项：练习中注意腹部收紧以及肌肉发力的顺序。

二、高级组合动作

1. 第1个8拍

1~2拍：右脚向右迈步，同时双臂侧平举。

3~4拍：双脚不动，身体向右转90°，同时左臂上举，右臂侧平举。

5~6拍：身体回正，双脚并拢提踵，双手抱于脑后。

7~8拍：还原成立定姿势。

2. 第2个8拍

动作与第1个8拍相同，方向相反。

3. 第3个8拍

1~2拍：右脚蹬伸站起，右脚向前迈步成弓步，同时双手握拳屈臂置于胸前。

3~4拍：右脚蹬伸站起，右脚保持不动，左脚上步，重心放于右脚，左腿抬起，大腿与地面平行，双臂上举。

5~6拍：右脚保持不动，左腿落下后摆至左脚向后点地，同时双臂侧平举。

7~8拍：还原成立定姿势。

4. 第4个8拍

动作与第3个8拍相同，方向相反。

5. 第5个8拍

1~4拍：右脚向右迈步，左脚向右脚靠拢。同时，身体向右转并弯腰，双手握拳置于腰间。

5~6拍：右脚保持不动，左脚向后点地，身体保持不变，手臂上举，低头看脚。

7~8拍：右脚保持不动，左脚收回向右脚靠拢，弯腰，双手握拳置于腰间。

6. 第6个8拍

动作与第5个8拍相同，方向相反。

7. 第7个8拍

1~2拍：右脚向右迈步，手臂侧平举，左手向右肩移动，同时右手叉腰。

3~4拍：双脚保持不动，身体向右转，同时体前屈，以左手触碰右脚。

5~6拍：双脚保持不动，身体转向前方，双手触碰地面。

7~8拍：还原成立定姿势。

8. 第8个8拍

动作与第7个8拍相同，方向相反。

注意事项：下肢做屈伸动作时注意保持身体的稳定。体前屈时，上体及髋尽量前倾，脊柱始终保持伸直的姿态。

第三节　柔韧性练习

一、肩部柔韧性徒手练习动作

1. 第 1 个 8 拍

1~2 拍：左脚向前迈步成弓步，同时双臂经前侧上举，下颚微抬。

3~4 拍：还原成立定姿势。

5~8 拍：动作与 1~4 拍相同，方向相反。

2. 第 2 个 8 拍

动作与第 1 个 8 拍相同。

3. 第 3 个 8 拍

1~2 拍：左脚向左迈步，同时右臂上举。

3~4 拍：右脚向左脚靠拢，同时左臂上举，右臂放下。

5~8 拍：2 次侧并步，手臂左右交替上举、放下。

4. 第 4 个 8 拍

动作与第 3 个 8 拍相同，方向相反。

5. 第 5 个 8 拍

1~2 拍：左脚向后迈步成弓步，同时双臂从前向后绕环。

3~4 拍：还原成立定姿势。

5~8 拍：动作与 1~4 拍相同，方向相反。

6. 第 6 个 8 拍

动作与第 5 个 8 拍相同。

7. 第 7 个 8 拍

下肢动作与第 5 个 8 拍相同，上肢做直臂绕环。

8. 第 8 个 8 拍

动作与第 7 个 8 拍相同，方向相反。

注意事项：不要耸肩、低头，使肩部、胸部充分得到伸展。

二、肩部柔韧性器械练习（弹力带）动作

1. 第 1 个 8 拍

1~2 拍：双手握弹力带，踏步，双臂前抬至直臂上举。

3~4 拍：踏步，向左转 90°，双臂自然放下。

5~6 拍：踏步，双臂前抬至直臂上举。

7~8 拍：踏步，向左转 90°，双臂自然放下。

2. 第 2 个 8 拍。

动作与第 1 个 8 拍相同。

3. 第 3 个 8 拍

向左转 90°，同时右脚向前迈步成弓步，双臂直臂上举 3 次。回正。

4. 第 4 个 8 拍

动作与第 3 个 8 拍相同，方向相反。

5. 第 5 个 8 拍

1~4 拍：左脚开始做交叉步，双臂由下至上绕圈。

5~8 拍：向右转 90°，左腿后踢 2 次，双臂直臂上举 2 次。回正。

6. 第 6 个 8 拍

动作与第 5 个 8 拍相同，方向相反。

7. 第 7 个 8 拍

动作与第 5 个 8 拍相同。

8. 第 8 个 8 拍

动作与第 5 个 8 拍相同，方向相反。

注意事项：双手握弹力带的间距约与肩同宽，肘关节伸直，上、下肢协调配合。

三、脊柱柔韧性练习动作

1. 第 1 个 8 拍

左脚向左迈步，双脚开立。双臂经身体两侧缓慢上举，双手握拳。

2. 第 2 个 8 拍

双臂放于脑后，缓慢低头。

3. 第 3 个 8 拍

双臂缓慢上举，抬头。

4. 第 4 个 8 拍

动作与第 2 个 8 拍相同。

5. 第 5 个 8 拍

双手置于脑后，身体向左侧倾随后恢复直立。

6. 第 6 个 8 拍

动作与第 5 个 8 拍相同，方向相反。

7. 第 7 个 8 拍

动作与第 5 个 8 拍相同。

8. 第 8 个 8 拍

动作与第 5 个 8 拍相同，方向相反。

9. 第 9 个 8 拍

1~2 拍：面向前方，双臂侧平举。

3~8 拍：身体转向左侧，双腿成弓步，同时双臂变为前平举。

10. 第 10 个 8 拍

双脚不动，身体向左转，右臂平屈，左臂侧平举。

11. 第 11 个 8 拍。

身体回正，同时双臂变为前平举。

12. 第 12 个 8 拍

左腿膝关节伸直，身体前屈，双手置于左脚两侧。

13. 第 13 个 8 拍

下肢不动，身体向左转，左臂上举。

14. 第 14 个 8 拍

保持第 13 个 8 拍的动作不动。

15. 第 15 个 8 拍

身体回转，左臂随之回到左脚左侧。

16. 第 16 个 8 拍

1~4 拍：右脚前移，右膝着地成蹲踞式，向左脚并拢，蹲下，双手保持不变。

5~8 拍：身体转向正面，双臂经体侧成侧平举。

17. 第 17 个 8 拍

动作与第 9 个 8 拍相同，方向相反。

18. 第 18 个 8 拍

动作与第 10 个 8 拍相同，方向相反。

19. 第 19 个 8 拍

动作与第 11 个 8 拍相同。

20. 第 20 个 8 拍

动作与第 12 个 8 拍相同，方向相反。

21. 第 21 个 8 拍

动作与第 13 个 8 拍相同，方向相反。

22. 第 22 个 8 拍

保持第 21 个 8 拍的动作不动。

23. 第 23 个 8 拍

动作与第 15 个 8 拍相同，方向相反。

24. 第 24 个 8 拍

动作与第 16 个 8 拍相同，方向相反。还原成立定姿势。

注意事项：要保持腰背挺直，做转体动作时保证髋关节在正常位置，使脊柱得到最大程度的锻炼。

四、髋部柔韧性练习一动作

1. 第 1 个 8 拍

1~2 拍：左脚向左迈步，同时身体重心向左移动成左侧弓步，双臂胸前交叉。

3~4拍：双脚不动，身体重心向右移动成右侧弓步，双臂打开成侧平举。

5~8拍：双腿伸直，体前屈，双手从下向上划圈。还原成立定姿势。

2. 第2个8拍

动作与第1个8拍相同，方向相反。

3. 第3个8拍

1~4拍：动作与第1个8拍1~4拍相同。

5~8拍：双手放于左腿膝关节，身体左转90°，向下压腿。还原成立定姿势。

4. 第4个8拍

动作与第3个8拍相同，方向相反。

5. 第5个8拍

动作与第3个8拍相同。

6. 第6个8拍

动作与第4个8拍相同。

注意事项：压腿时，要保证膝关节与脚尖方向一致。上体直立，重心转换流畅。

五、髋部柔韧性练习二动作

1. 第1个8拍

两侧交替吸腿4次，手握拳，手臂侧屈。

2. 第2个8拍

两侧交替大踢腿4次，双臂侧下举。

3. 第 3 个 8 拍

右脚侧点地 4 次。

4. 第 4 个 8 拍

1~4 拍：向左侧跳 2 次。

5~8 拍：向右侧跳 2 次。

5. 第 5 个 8 拍

1~6 拍：后踢腿跑从左边转圈，双手叉腰。

7~8 拍：双手放于膝关节上，膝关节微屈。

6. 第 6 个 8 拍

1~4 拍：身体伸展左腿后踢，双臂侧上举。还原成立定姿势。

5~8 拍：右腿后踢，双臂侧上举。还原成立定姿势。

7. 第 7 个 8 拍

动作与第 5 个 8 拍相同，方向相反。

8. 第 8 个 8 拍

动作与第 6 个 8 拍相同，方向相反。

注意事项：踢腿时，注意收紧核心，保持腰背挺直。

第四节 平衡性练习

一、初级组合动作

1. 第 1 个 8 拍

1~2 拍：双手叉腰，左脚前点地再收回。

3~4 拍：动作与 1~2 拍相同，方向相反。

5~8 拍：动作与 1~4 拍相同。

2. 第 2 个 8 拍

1~2 拍：双手头前击掌，左腿吸腿。双手打开，左腿放下。

3~4 拍：动作与 1~2 拍相同，方向相反。

5~8 拍：动作与 1~4 拍相同。

3. 第 3 个 8 拍

1 拍：左脚前点，双臂侧平举。

2 拍：左腿吸腿，同时双手下落放在膝关节上。

3 拍：动作与 1 拍相同。

4 拍：还原成立定姿势。

5~8 拍：动作与 1~4 拍相同，方向相反。

4. 第 4 个 8 拍

动作与第 3 个 8 拍相同。

注意事项：上体始终保持直立，眼睛平视前方，腰部、腹部保持收紧。

二、中级组合动作

1. 第 1 个 8 拍

1~2 拍：左脚侧点地，同时身体转向右前方，双手胸前击掌。还原成立定姿势。

3~4 拍：动作与 1~2 拍相同，方向相反。

5~8 拍：动作与 1~4 拍相同。

2. 第2个8拍

1~4拍：右腿外展，左腿着地，向左边单腿跳4下，身体保持直立，双臂侧平举，手掌向前，肘关节随跳动节奏屈伸。还原成立定姿势。

5~8拍：动作与1~4拍相同，方向相反。

3. 第3个8拍

1~2拍：左脚侧点地，右臂前平举，左臂侧平举。吸左腿，双臂屈曲，上臂位置保持不变。

3~4拍：左脚点地，双臂由屈臂变为直臂。还原成立定姿势。

5~8拍：动作与1~4拍相同。

4. 第4个8拍

动作与第3个8拍相同。

注意事项：注意对核心肌群的稳定控制。

三、高级组合动作

1. 第1个8拍

1~2拍：左腿吸腿，双臂平屈于胸前。

3~4拍：左腿后踢，双臂侧平举。

5~6拍：动作与1~2拍相同。

7~8拍：还原成立定姿势。

2. 第2个8拍

动作与第1个8拍相同，方向相反。

3. 第3个8拍

动作与第1个8拍相同。

4. 第 4 个 8 拍

动作与第 2 个 8 拍相同。

5. 第 5 个 8 拍

1~4 拍：左腿吸腿，手臂自然摆动。

5~8 拍：左腿后踢，身体前屈，手触地。

6. 第 6 个 8 拍

1~4 拍：左腿吸腿，手臂自然摆动。

5~8 拍：还原成立定姿势。

7. 第 7 个 8 拍

动作与第 5 个 8 拍相同，方向相反。

8. 第 8 个 8 拍

动作与第 6 个 8 拍相同，方向相反。

9. 第 9 个 8 拍

动作与第 5 个 8 拍相同。

10. 第 10 个 8 拍

动作与第 6 个 8 拍相同。

11. 第 11 个 8 拍

动作与第 5 个 8 拍相同，方向相反。

12. 第 12 个 8 拍

动作与第 6 个 8 拍相同，方向相反。

注意事项：注意动作的舒展性和连贯性，在控制好核心肌群后，再向外延伸至四肢大肌肉群。

第五节　协调性练习

一、初级组合动作

1. 第1个8拍

1~2拍：左腿向左迈步之后收回，双臂侧平举，然后变为侧平屈。

3~4拍：动作与1~2拍相同，方向相反。

5~6拍：左腿向前迈步之后收回，双臂侧平屈2次。

7~8拍：动作与5~6拍相同，方向相反。

2. 第2个8拍

1拍：双脚开立，双手屈臂上举。

2~4拍：双脚不动，髋部左右摆动3次。

5~6拍：先左脚原地点地，后右脚原地点地，双手交叉。

7~8拍：身体朝向左边，右手握拳，右臂侧平举。

注意事项：

①本套初级组合动作为街舞风格，要注意身体躯干的放松和起伏，肢体动作要夸张，有爆发力。

②进行协调性练习时，出现不协调或错误动作时应及时改正，反复练习，加强肢体之间的配合。

二、高级组合动作

1. 第 1 个 8 拍

1 拍：左脚跳起，右腿外展，双脚腾空。

2 拍：右脚落在左脚前，双腿交叉再还原。

3~4 拍：踏步 2 次。

5~8 拍：右脚向右迈 1 步，左脚向右脚靠拢。左脚向左迈 1 步，右脚向左脚靠拢。

2. 第 2 个 8 拍

1~2 拍：右腿后踢腿 2 次。

3~4 拍：纵跳 2 次。

5~8 拍：动作与 1~4 拍相同，方向相反。

注意事项：本套高级组合动作偏竞技健身操风格，要求动作具有连贯性，抬头挺胸，收紧腰腹。

第六节　力量练习

一、上肢力量练习动作

1. 第 1 个 8 拍

1~4 拍：左脚向左迈步，同时膝关节屈。双手经体侧由上向下拉 3 次。

5~8 拍：动作与 1~4 拍相同，方向相反。

2. 第2个8拍

动作与第1个8拍相同。

3. 第3个8拍

1~4拍：左脚向左迈步，同时膝关节屈。双臂胸前平屈，并向前冲拳2次。

5~8拍：动作与1~4拍相同，方向相反。

4. 第4个8拍

动作与第1个8拍相同。

5. 第5个8拍

双脚并拢，微蹲，左右臂交替做自由泳的手臂动作。

6. 第6个8拍

动作与第5个8拍相同。

7. 第7个8拍

1~4拍：小马跳2次，双手呈跳绳握绳姿势。

5~8拍：双脚开立，左右手交替出拳。

8. 第8个8拍

动作与第7个8拍相同。

注意事项：收紧腹部，身体始终保持稳定，动作要有力度。不要含胸驼背，保持良好的姿态。

二、核心力量基础练习动作

1. 第1个8拍

1~2拍：双脚开立，双臂侧平举。

3~4拍：上身向左倾，右臂上举贴于耳侧，左臂屈于腹前。

5~6拍：上身恢复直立，双臂恢复成侧平举。

7~8拍：还原成立定姿势。

2. 第2个8拍

动作与第1个8拍相同，方向相反。

3. 第3个8拍

1~2拍：双脚开立，双臂侧平举。

3~4拍：身体前屈，右手触碰左脚。

5~6拍：上身恢复直立，双臂恢复成侧平举。

7~8拍：还原成立定姿势。

4. 第4个8拍

动作与第3个8拍相同，方向相反。

5. 第5个8拍

1~2拍：左脚成前弓步，双臂前平举双手握拳。

3~4拍：身体左转。

5~6拍：身体回正。

7~8拍：还原成立定姿势。

6. 第6个8拍

动作与第5个8拍相同，方向相反。

7. 第7个8拍

1~2拍：左脚向左前方迈步，成前弓步姿势，双手放在脑后。

3~4拍：右腿吸腿，手臂姿势不变。

5~6拍：右腿后伸，还原成前弓步姿势。

7~8拍：还原成立定姿势。

8. 第8个8拍

动作与第7个8拍相同，方向相反。

三、核心力量强化练习动作

1. 伏地前后爬行动作要领

1~8拍：身体前屈，手触地，往前爬至身体成俯卧位。

2~8拍：手向后退，还原成立定姿势。

8个8拍动作为一组，做3组。

2. 侧向爬行动作要领

1~8拍：从俯卧位（双臂直臂支持，双腿伸直，后同）开始，向左爬行移动4次。

2~8拍：还原至俯卧位，再向右爬行移动4次。

8个8拍动作为一组，做3组。

3. 俯撑前吸腿动作要领

从俯卧位开始，左右腿交替向上吸腿。

8个8拍动作为一组，做3组。

4. 俯撑开合跳动作要领

从俯卧位开始，双脚开合跳。

8个8拍动作为一组，做3组。

5. 俯卧侧吸腿动作要领

从俯卧位开始，左右腿交替向侧上吸腿。

8个8拍动作为一组，做3组。

6. 俯撑并腿前吸动作要领

从俯卧位开始，- 双脚跳起，吸腿至胸前，双脚落地成蹲姿。

8 个 8 拍动作为一组，做 3 组。

7. 俯撑弓步跳动作要领

从俯卧位开始，左右脚交替跳成弓步。

8 个 8 拍动作为一组，做 3 组。

8. 平板支撑动作要领

肘撑俯卧位，双肘成 90°角，以前臂触地支撑在地面上，上臂垂直于地面，双脚分开约与髋同宽，脚尖踩地，躯干挺直，收腹，髋、膝、踝成一条直线。

8 个 8 拍动作为一组，做 3 组。

四、下肢力量初级练习动作

1. 第 1 个 8 拍

1~4 拍：提踵 4 次，双手交叉拍肩 4 次。

5~8 拍：半蹲 2 次，双手叉腰。

2. 第 2 个 8 拍

动作与第 1 个 8 拍相同。

3. 第 3 个 8 拍

1~4 拍：左脚向左迈步，膝关节微屈，双臂经体侧上举，屈臂，前臂在头前交叉。

5~8 拍：动作与 1~4 拍相同，方向相反。

4. 第 4 个 8 拍

动作与第 3 个 8 拍相同。

5. 第 5 个 8 拍

两侧交替吸腿 4 次；手在腿下击掌 4 次。

6. 第 6 个 8 拍

1~4 拍：右腿后踢腿从左转圈。

5~8 拍：开合跳 1 次。

7. 第 7 个 8 拍

动作与第 5 个 8 拍相同，方向相反。

8. 第 8 个 8 拍

动作与第 6 个 8 拍相同，方向相反。

注意事项：下肢力量练习注意下蹲时膝盖不要超过脚尖，落地时注意膝关节、踝关节的缓冲，始终保持躯干稳定。

五、下肢力量中级练习动作

1. 第 1 个 8 拍

1~4 拍：左脚向后迈步，下蹲，双手头前握拳。还原成立定姿势。

5~8 拍：动作与 1~4 拍相同，方向相反。

2. 第 2 个 8 拍

1~4 拍：左脚向左迈步成侧弓步。双臂前平举。还原成立定姿势。

5~8 拍：动作与 1~4 拍相同，方向相反。

3. 第 3 个 8 拍

1~4 拍：屈腿跳起，胸前击掌。

5~8拍：动作与1~4拍相同。

4. 第4个8拍

1~4拍：直腿跳4次，左手握拳，左臂上举2次，右手握拳，右臂上举2次。

5~8拍：开合跳2次。

六、下肢力量高级练习动作

1. 第1个8拍

1~4拍：右腿后踢腿4次，双手叉腰。

5~8拍：开合跳2次，双手叉腰。

2. 第2个8拍

1~4拍：开合跳，吸左腿，双臂前后屈臂。开合跳，吸右腿，双臂前后屈臂。

5~8拍：动作与1~4拍相同，方向相反。

3. 第3个8拍

1~4拍：向左小步跑，右脚后点，双手叉腰。

5~8拍：动作与1~4拍相同，方向相反。

4. 第4个8拍

前后跳弓步3次，还原成立定姿势。

第七节　肌肉拉伸练习

一、胸部肌群拉伸动作

单人动作：双脚开立，双手放于身后，缓慢抬头，保持15~20 s。

注意事项：肩膀下沉，双臂肘关节伸直、尽可能上抬，抬头挺胸。

双人动作：两人面对面站立，双脚前后成弓步，两人同侧手互相触碰，躯干向前，保持15~20 s。

注意事项：大臂与小臂成90°角，身体保持正直。

二、腰部肌群拉伸动作

双脚开立，身体侧屈保持15~20 s，换另一边。

之后身体向左转体，右手置于左肩，左手放在右臀侧，保持15~20 s，换另一边。

注意事项：体侧屈时，身体尽可能向侧延伸，注意上体不要前倾或后仰，与下肢保持在同一平面上。转体时上体保持直立，脚尖朝前，身体重心在双脚之间。

三、臀部肌群拉伸动作

动作要领：站姿抱腿，大腿尽量贴近胸部，保持15~20 s，换另一边。

一脚置于另一侧膝关节上，缓慢下蹲，保持 15~20 s，换另一边。

注意事项：站姿抱腿时，上身保持直立。靠腿下蹲时，上体前倾，脊柱伸直，屈髋，注意保持身体的平衡。

四、大腿前侧肌群拉伸动作

站姿，一侧腿屈膝，同侧手抓住踝关节位置，使脚跟贴紧臀部。保持 15~20 s，换另一边。

注意事项：双腿大腿平行靠拢贴紧，保持身体平衡。

五、大腿后侧肌群拉伸动作

双脚开立，身体前屈，保持 15~20 s。

注意事项：注意脊柱伸直，可稍抬头，身体重心后移可加大拉伸力度。

六、小腿后侧肌群拉伸动作

两人面对面站立，屈膝伸出一脚，身体重心在后腿上，双手互相触碰。慢慢伸直腿，身体重心前移，保持 15~20 s，换另一边。

注意事项：注意身体重心的位置，保持上体的直立。

第八节　体姿矫正操运动训练安排建议

一、第一阶段：基础训练阶段

基础训练阶段具体内容见表5-2。

表5-2　基础训练阶段具体内容

周次	内容安排	具体内容	时间
第一周	准备部分	头部运动 肩部运动 腿部运动 躯干伸展运动	10 min
	基本部分	基本姿态练习（初级组合） 平衡性练习（初级组合） 上肢力量练习	30 min
	拉伸部分	胸部肌群拉伸 腰部肌群拉伸 臀部肌群拉伸	10 min

二、第二阶段：加强训练阶段

加强训练阶段具体内容见表5-3。

表 5-3　加强训练阶段具体内容

周次	内容安排	具体内容	时间
第二周	准备部分	头部运动 肩部运动 腿部运动 躯干伸展运动	10 min
	基本部分	平衡性练习（初级组合） 肩部柔韧性徒手练习 核心力量基础练习	30 min
	拉伸部分	臀部肌群拉伸 大腿前侧肌群拉伸 大腿后侧肌群拉伸 小腿后侧肌群拉伸	10 min
第三周	准备部分	头部运动 肩部运动 腿部运动 躯干伸展运动	10 min
	基本部分	协调性练习（初级组合） 脊柱柔韧性练习 下肢力量初、中级练习	30 min
	拉伸部分	胸部肌群拉伸 腰部肌群拉伸 臀部肌群拉伸 大腿后侧肌群拉伸 小腿后侧肌群拉伸	10 min

续表

周次	内容安排	具体内容	时间
第四周	准备部分	头部运动 肩部运动 腿部运动 躯干伸展运动	10 min
	基本部分	基本姿态练习（初级组合） 髋部柔韧性练习一 核心力量基础练习	30 min
	拉伸部分	胸部肌群拉伸 腰部肌群拉伸 臀部肌群拉伸 大腿前侧肌群拉伸 小腿后侧肌群拉伸	10 min
第五周	准备部分	头部运动 肩部运动 腿部运动 躯干伸展运动	10 min
	基本部分	平衡性练习（初级组合） 髋部柔韧性练习二 上肢力量练习	30 min
	拉伸部分	胸部肌群拉伸 腰部肌群拉伸 臀部肌群拉伸 大腿前侧肌群拉伸 大腿后侧肌群拉伸 小腿后侧肌群拉伸	10 min

续表

周次	内容安排	具体内容	时间
第六周	准备部分	头部运动 肩部运动 腿部运动 躯干伸展运动	10 min
	基本部分	协调性练习（初级组合） 脊柱柔韧性练习 核心力量基础练习	30 min
	拉伸部分	胸部肌群拉伸 腰部肌群拉伸 臀部肌群拉伸 大腿前侧肌群拉伸 大腿后侧肌群拉伸 小腿后侧肌群拉伸	10 min

三、第三阶段：巩固提升阶段

巩固提升阶段具体内容见表5-4。

表5-4 巩固提升阶段具体内容

周次	内容安排	具体内容	时间
第七周	准备部分	头部运动 肩部运动 腿部运动 躯干伸展运动	10 min
	基本部分	基本姿态练习（高级组合） 肩部柔韧性器械练习 下肢力量中级练习	30 min

续表

周次	内容安排	具体内容	时间
第七周	拉伸部分	胸部肌群拉伸 腰部肌群拉伸 臀部肌群拉伸 大腿前侧肌群拉伸 大腿后侧肌群拉伸 小腿后侧肌群拉伸	10 min
第八周	准备部分	头部运动 肩部运动 腿部运动 躯干伸展运动	10 min
	基本部分	平衡性练习（中级组合） 髋部柔韧性练习二 上肢力量练习	30 min
	拉伸部分	胸部肌群拉伸 腰部肌群拉伸 臀部肌群拉伸 大腿前侧肌群拉伸 大腿后侧肌群拉伸 小腿后侧肌群拉伸	10 min
第九周	准备部分	头部运动 肩部运动 腿部运动 躯干伸展运动	10 min
	基本部分	协调性练习（高级组合） 平衡性练习（高级组合） 核心力量强化练习	30 min

续表

周次	内容安排	具体内容	时间
第九周	拉伸部分	胸部肌群拉伸 腰部肌群拉伸 臀部肌群拉伸 大腿前侧肌群拉伸 大腿后侧肌群拉伸 小腿后侧肌群拉伸	10 min
第十周	准备部分	头部运动 肩部运动 腿部运动 躯干伸展运动	10 min
	基本部分	基本姿态练习（高级组合） 脊柱柔韧性练习 上肢力量练习	30 min
	拉伸部分	胸部肌群拉伸 腰部肌群拉伸 臀部肌群拉伸 大腿前侧肌群拉伸 大腿后侧肌群拉伸 小腿后侧肌群拉伸	10 min
第十一周	准备部分	头部运动 肩部运动 腿部运动 躯干伸展运动	10 min
	基本部分	平衡性练习（高级组合） 协调性练习（高级组合） 核心力量强化练习	30 min

续表

周次	内容安排	具体内容	时间
第十一周	拉伸部分	胸部肌群拉伸 腰部肌群拉伸 臀部肌群拉伸 大腿前侧肌群拉伸 大腿后侧肌群拉伸 小腿后侧肌群拉伸	10 min
第十二周	准备部分	头部运动 肩部运动 腿部运动 躯干伸展运动	10 min
	基本部分	协调性练习（高级组合） 髋部柔韧性练习二 下肢力量高级练习	30 min
	拉伸部分	胸部肌群拉伸 腰部肌群拉伸 臀部肌群拉伸 大腿前侧肌群拉伸 大腿后侧肌群拉伸 小腿后侧肌群拉伸	10 min